KB037157

한반도 평화,
새로운 시작을 위한 조건

한반도 평화,
새로운 시작을 위한 조건

김정은의 '북한식 전략적 인내'와
바이든의 '전략적 인내 시즌 2'가 만나고 있다.
우리는 무엇을 준비하고 무엇을 해야 할까?

정욱식 지음

유리창

기이한 현상, 남남갈등과 남남일치

어쩌다 '한반도 평화프로세스' 3부작이 되었다. 문재인 대통령 임기 중에 세 권의 책을 썼다.

첫 번째 책 《비핵화의 최후》는 2018년 11월에 냈다. 한반도 평화와 남북관계 발전에 대한 기대와 열기가 절정에 달했을 때였다. 하지만 이럴 때일수록 냉철해져야 한다는 취지를 담았다. 들뜨면 시야와 판단력이 흐려질 것을 우려했기 때문이다. 한반도 평화프로세스는 현상을 유지하려는 세력과 평화적으로 현상을 변경하려는 세력 사이의 '보이지 않는 거대한 전쟁'이다. 책에서는 현상 유지 세력이 이길 것이라는 불길한 예감을 담았다.

2020년 5월에는 《한반도의 길, 왜 비핵지대인가?》라는 책을 썼다. 남북관계와 한반도 정세가 기나긴 겨울로 들어가고 있을 때였다. 그 문 앞에서 짙은 한숨을 내쉬는 분들에게 따뜻한 차 한 잔 나눠드리고 싶은 심정으로 썼다. 문재인 정부와 지지자들을 향해서는 김정은 정권이 품은 '근친증오'를 정확히 이해해야 한다는 호소도 담았다. 하나의 국제 규범인 비핵지대를 한반도 비핵화의 정의와 최종 상태로 삼자는 제안도 담았다.

그리고 이 책을 내놓는다. 1부에서는 문재인 정부의 실패 원인을 상세히 짚어보면서 실패로부터 교훈을 찾아야 한다는 호소를 담았다. 2부에서는 김정은 정권의 전략을 '병진노선 2.0'으로 설명하면서 이것이 우려되는 이유를 짚어봤다. 3부에서는 바이든 행정부의 대북정책이 '실패한 정책'의 되풀이가 될 가능성을 살피고 한국의 역할이 매우 중요하다는 점을 강조했다. 4부에서는 한반도 평화의 새로운 시작을 위한 조건과 대안을 담았다.

이 책은 전반적으로 군사문제에 초점이 맞춰져 있다. 군사문제는 남북관계와 한반도 평화에 있어서 가장 중요한 분야인데 거의 주목받지 못하고 있다. 게다가 대북정책을 둘러싼 극심한 '남남갈등'과는 달리 군사대국을 향해서는 '남남일치' 현상이 벌어지고 있다. 이 기이한 현상을 성찰해보자는 것이 이 책이 담고 있는 가장 중요한 취지다.

오해는 없기 바란다. 내가 군사문제가 가장 중요하다고 주장한다고 해서 남북경제협력과 인도주의 및 인권문제 등을 '비본질적' 문제라고 여기는 것은 아니다. 오히려 이들 분야의 진전과 개선을 도모하기 위해서라도 군사문제를 성찰해야 한다는 점을 강조하는 것이다. 하늘 높은 줄 모르고 치솟고 있는 국방비를 직시해야 땅이 꺼져라 한숨을 내쉬는 사람들의 고통을 조금이라도 덜 수 있는 길을 찾을 수 있기 때문이다.

문재인 정부의 대규모 군비증강에 힘입어 2021년 한국의 군사력은 세계 6위 수준으로 올라섰다. 국방비 규모도 일본과 거의 대등해지고 있다. 아마도 2022년이나 2023년 한국의 국방비 규모는 북한 GDP의 2배가 되고 일본 국방비를 추월하게 될 것이다. 일본을 앞섰다고 열광하는 사람들도 있을 것이다. 동시에 너무 살기 힘들다고 하소연하는 사람들도 있을 것이다. 이런 애국적 열기와 개인적 한숨이 무관하지 않다는 게 이 책이 전달하고 싶은 또 하나의 메시지이다.

아이들에게 줄 수 있는 최고의 선물은 평화이다. 놀러 온

조카들과 딸과 아들이 재잘거리는 소리가 마음을 무겁게
하고 신발끈을 동여매게 한다.

2021년 4월 고양시 집에서

정욱식

차례

머리말

기이한 현상, 남남갈등과 남남일치 · 4

프롤로그 **끝의 시작**

　　환대와 냉대 · 12

　　비핵화는 끝났는가? · 16

　　군사문제를 직시하라 · 20

제1부 **실패로부터 배우는 교훈**

　1. 한미연합군사훈련에 관하여 · 26

　　한미연합훈련의 역사 · 28

　　방어적? 도발적? · 34

　　한미연합훈련과 북핵 문제와의 관계 · 40

　　전향적 결단이 사라지면서 · 47

2. 전시작전권에 관하여·52

　노무현 정부와 한나라당의 경우··53

　이명박과 박근혜 정부의 경우··58

　누구를 위한, 무엇을 위한 것인가?·64

3. 군비증강에 관하여·69

　비핵화에 실패해서?·70

　기이한 현상들·75

　주변국 위협은?·80

4. 종전선언과 비핵화에 관하여·88

　어색한 동거와 진영 논리·89

　비핵화 협상 중재력 부족·94

제2부 북한의 우려스러운 선택

1. 폴라리스와 북극성·102

　병진노선 2.0·104

　북한의 핵무력 증강 계획·106

2. 전술핵이 다가온다·113

　북한의 전술핵과 미국의 전술핵·114

　헤드 게임·119

3. 북한식 전략적 인내·127

　성공하지 못해도 좋다?·128

　침묵과 무시의 의미·131

4. 자성의 불균형·137

　대미 담판이 실패한 이유·138

　성찰 없는 대남 증오심·144

제3부 **바이든 행정부의 대북정책**

1. 안보의 경제성과 비경제성·148

　절망사의 나라·150

　한국 안보의 비경제성으로?·155

2. 최선의 모델·162

　이란 핵 협정의 내용은?·165

　유망한 요소들·170

3. 전략적 인내 시즌2·174

　전략적 인내의 기원·176

　바이든 행정부의 대북정책은?·182

4. MD를 주목하라·191

　유독 '북한'만 언급한 이유는?·193

　사라진 논쟁·196

미국의 속삭임·200

우리는 미국의 호구가 아니다·202

제4부 새로운 시작을 위하여

1. 목적지를 정해놓고 출발하자·206

2. 한반도 비핵지대화는 어떤가?·212

   한반도 비핵지대의 역사성과 보편성·215

   당사자들의 입장은?·221

   한반도의 '뉴 노멀'·228

3. 한반도 비핵지대에 기초한 신평화 로드맵·230

4. 역효과만 부른 대북제재·239

5. 북한 인권과 대북제재·245

6. 한미연합훈련은 '제로섬'이 아니다·249

7. 대북억제력의 적정성·256

8. 한국의 적정 군사력은?·264

9. 미중 경쟁을 '알리바이'로 삼지 말자·268

에필로그 보이지 않는 거대한 전쟁·275

끝의 시작

환대와 냉대

박진감 넘치게 시작해서 황망하게 끝났다. 북한의 김정은 총비서와 전직 대통령이 된 도널드 트럼프의 '반전 드라마' 를 두고 하는 말이다. 두 사람이 연출한 4년의 시간은 각본 없는 드라마 그 자체였다. 2017년 내내 말 한마디, 행동 하나 지지 않으려는 '치킨 게임'의 진수를 선보였다. 2018년 6월에 는 언제 그랬느냐는 듯 사상 최초의 북미정상회담을 통해 '뜨거운 우정'을 연출했다. 2019년 2월에는 세계 정상회담 역사에 기록될 만한 '노딜 쇼'가 나왔다. 그로부터 4개월 후 에는 전 세계를 깜짝 놀라게 한 '판문점 번개팅'을 가졌다.

수십 통의 편지도 오고 갔다.[1]

　결말은 씁쓸했다. 트럼프와의 관계를 70년 묵은 북미 간의 적대관계를 청산해줄 '신비로운 힘'으로 여겼던 김정은은 '낙담한 연인이나 친구'처럼 원망과 자책을 쏟아냈다. 김정은과의 만남을 노벨평화상을 수상할 기회로 여겼던 트럼프는 김정은과 "사랑에 빠졌다"고 해놓고서 경제제재로 그를 괴롭혔다. 2021년 새해가 밝자마자 한 사람은 총비서로 추대되었고, 다른 한 사람은 미국 대통령으로는 처음으로 미국 하원에서 두 번째 탄핵을 당했다가 상원 표결에서 가까스로 탄핵을 면했다.

　아마도 트럼프는 김정은이 부러웠을 것이다. 일찍이 수정헌법 25조로 트럼프의 대통령직 박탈을 도모했던 미국의 고위 관료는 자신을 비롯한 동지들이 '총성 없는 쿠데타'에 나선 동기 가운데 하나로 이렇게 밝혔다. "트럼프가 북한의 지도자 김정은 같은 독재자를 향해 호감을 보이고 있다."[2] 트럼프 행정부 내 저항세력의 일원이었던 이 사람은 2019년

---

1) 김정은-트럼프의 관계에 대한 자세한 내용은 정욱식, 《한반도의 길, 왜 비핵지대인가?》 (유리창, 2020년) 참조.

2) I Am Part of the Resistance Inside the Trump Administration, The New York Times, September 5, 2018.

11월에 익명으로 펴낸 책에서 트럼프가 김정은에게 매료된 이유를 이렇게 설명했다. "트럼프는 독재자들이 가진 절대 권력, 임기 무제한, 강요된 인기, 반대자를 침묵시킬 수 있는 능력을 자신도 갖기를 원했다."[3]

아직 끝난 것은 아니지만 문재인 대통령과 김정은의 관계도 황망하기 그지없다. 1948년 남북한이 따로 정부를 수립한 이후 70년 동안 문재인 이전의 남북정상회담은 딱 두 번이었다. 2000년 김대중-김정일, 2007년 노무현-김정일 정상회담이 바로 그것이다. 이에 반해 문재인과 김정은은 2018년 4월부터 9월까지 세 차례나 만났다. 숱한 명장면도 있었다. 판문점에서 손을 잡고 군사분계선을 넘나들던 장면에서부터 도보다리 산책, 평양 시내 카퍼레이드와 문재인의 능라도 5·1경기장 연설, 그리고 백두산 천지 동반 방문에 이르기까지.

그런데 2021년 1월에 열린 북한의 8차 당대회에서 가장 눈에 띈 부분이 있다. 김정은은 '총결기간(2016~2020년) 이룩된 성과'와 관련해 트럼프를 비롯한 각국 정상과 만남을

---

3) Anonymous, A Waring, Twelve, 2019, pp. 187-190.

14

열거했다. 그런데 딱 하나만 뺐다. 바로 남북정상회담이다. 한마디로 기억에서 지우고 싶다는 뜻이다. 그가 당대회에서 "북남관계의 현 실태는 판문점선언 발표 이전 시기로 되돌아갔다고 해도 과언이 아니다"라고 말한 것도 이러한 맥락에서 이해할 수 있다.

그렇다면 왜 2018년에는 문재인에게 '역대급 환대'를 했던 김정은이 2019년 하반기부터는 '역대급 냉대'로 돌아선 것일까? 이 질문에 대한 답은 이런 질문을 던져보면 어렵지 않게 찾을 수 있다. "2018년 판문점과 평양에서 문재인 대통령에게 거수경례한 북한군 수뇌부가 그 이후 벌어진 일에 대해 김정은에게 어떤 보고를 했을까?" 당시 남북정상회담에서 처음으로 담긴 합의가 바로 '단계적 군축'이다. 그러나 문재인 정부는 그 직후부터 사상 최대 규모의 군비증강에 나서고 말았다. 한미연합훈련도 계속되었다. 이것이 북한이 남한에 근친증오를 품게 된 결정적인 이유 가운데 하나이다.[4]

---

4) 이에 대해서는 《한반도의 길, 왜 비핵지대인가?》 160쪽 참조.

비핵화는 끝났는가?

2018년 남북, 북미정상회담은 김정은이 '완전한 비핵화' 의사를 밝힌 것에서 시작되었다. 그런데 북한은 8차 당대회를 거치면서 한반도 비핵화에 대한 체념적인 정서가 더욱 강해졌다. 북한이 '조선반도(한반도) 비핵화'라는 말조차 하지 않으면서 다양한 핵무기 증강 계획을 밝히고 '국가 방위력 강화'를 노동당 규약에 명시했다는 점에서 더욱 그러하다. 비핵화가 불가능해진다는 것은 한반도 평화와 남북관계 발전도 그만큼 어려워진다는 것을 의미한다. 민생 구제에 사용되어야 할 소중한 자원이 군비증강에 낭비될 가능성이 높기 때문이다.

냉정하게 볼 때, 비핵화 전망이 매우 어두워진 것은 사실이다. 우선 북한의 핵 능력 자체가 크게 강화되었다. 미 육군은 2020년 7월 보고서에서 북한이 20~60개의 핵무기를 보유했고, 매년 6개의 핵무기를 제조할 능력이 있다고 평가했다. 스톡홀름국제평화연구소(SIPRI)도 북한의 핵무기 보유고가 2016년 약 10개에서 2020년에는 30~40개로 늘어난 것으로 분석했다. 이에 더해 북한은 8차 당대회에서 새로운 전략무기부터 전술핵무기 개발에 이르기까지 다양한 핵무기 증강 계획을 밝혔다. 북한의 핵 능력이 이미 상당히 강화되었고 그 능력을 더 강화하겠다는 것은 그만큼 한반도 비핵화 실현이 더욱 어려워지고 있다는 것을 의미한다. 이와 관련해 김연철 전 통일부 장관은 "북핵 문제는 오늘이 내일보다 언제나 쉽다"며, "시간이 갈수록 북핵 능력이 높아져서, 내용이 복잡해지기 때문이다"라고 일갈했다.[5]

북한뿐만 아니다. 북한과 군사적 적대나 경쟁 관계에 있는 나라들의 군사력도 크게 강화되었다. 트럼프 행정부 시기 막대한 군사비가 투입되어 미국의 군사력은 크게 강화되었는데, 여기에는 B61-12를 비롯한 신형 핵무기도 포함된다. 문재인 정부가 출범한 2017년 세계 12위로 평가받았던 한국의 군사력은 2020년과 2021년엔 세계 6위로 평가되고 있다. 반면 북한은 2017년 18위에서 2021년에 28위로 떨어졌다.[6] 남북한의 군사력 격차가 벌어질수록 북한의 핵무기 포기 가능성은 줄어든다. 북한으로서는 군사력 균형을 신경 쓰지 않을 수 없기 때문이다. 북한과 적대관계에 있는 일본

---

5) 김연철, '바이든 시대, 남·북·미·중 4자 회담 시작할 때' 〈한겨레〉 2021년 1월 22일.
6) https://www.globalfirepower.com/countries-listing.asp

역시 매년 꾸준히 군사비를 증액하고 있다.

정치·외교적 환경도 여의치 않다. 오바마 행정부의 '전략적 인내'도 트럼프 행정부와의 '톱다운' 외교도 경험한 김정은의 결론은 "미국에서 누가 집권하든 미국이라는 실체와 대조선 정책의 본심은 절대로 변하지 않는다"는 것이다. 미국에선 'ABT(Anything But Trump, 트럼프가 한 일을 뒤집는다는 뜻)'가 유행이고 여기엔 북미정상회담도 예외라고 보기는 어렵다. 남북관계도 문재인 정부 출범 이후 최악의 상황이고 대북정책을 둘러싼 남남갈등은 더욱 커지고 있다. 여론도 눈에 띄게 악화되었다. 설상가상으로 한반도 문제에 큰 영향력을 가진 미국과 중국의 전략경쟁도 치열해지고 있다.

이러한 점을 종합해볼 때, 한반도 비핵화와 이와 연동된 평화체제 구축 및 남북관계 발전이 매우 어려워진 것만은 분명하다. 그러나 체념하거나 절망하기에는 아직 이르다. 갈등과 경쟁이 격화되면 대화와 타협의 필요성도 커지는 속성이 있다. 북한이 당대회에서 '비핵화'를 일절 언급하지 않은 것을 다른 각도에서도 바라볼 필요가 있다. "조선반도 비핵화가 김일성-김정일의 유훈이자 변함없는 목표"라는 말도 없지만, "조선반도 비핵화가 종말을 고했다"는 표현도 없다.

역사에서도 교훈을 얻을 수 있다. 1994년 10월 북미 간의 제네바 기본합의는 그해 6월 한국전쟁 이래 최악의 전쟁 위기를 거치면서 나온 것이다. 2006년 10월 북한이 최초의 핵실험을 강행하자 "비핵화는 물 건너갔다"는 주장이 팽배했다. 하지만 그 직후 북미대화와 남북대화, 그리고 6자회담의 선순환이 이뤄지면서 비핵화에도 의미 있는 진전이 있었다. 가장 극적인 사례는 2017~2018년에 나왔다. 2017년 북한이 수소폭탄과 ICBM(대륙간탄도미사일) 시험 직후 '국가핵무력 완성'을 선언하자, "비핵화는 끝났다"는 말이 더더욱 유행했다. 그러나 4개월 후 김정은은 '완전한 비핵화' 의사를 표명하고는 남북정상회담과 북미정상회담에 임했다.

모두 결과는 좋지 않았다. 이러한 사례들을 북한의 속임수 게임으로 평가하기도 한다. 김정은이 비핵화 의지를 밝혔을 때 '설마' 했던 사람들은 이제는 '역시나'라는 반응을 내놓기도 한다. 그러나 "비핵화는 끝났다"고 말하기에 앞서 유념해야 할 것이 있다. 상기한 기회들이 유실된 데에는 한국과 미국의 책임도 결코 작지 않다는 것이다. 이에 따라 북한을 비판하는 것 못지않게 한미 양국의 정책적·전략적 실패도 자성해야 한다. 한국과 미국은 할 만큼 했는데, 북한이 화답하지 않아 비핵화가 멀어졌다고 자만하면 향후 대북정책도 실패할 수밖에 없다. 반대로 실패의 원인을 한국과 미국 자신에게서 찾으려는 노력이 강해질수록 한반도 평화와 비핵화의 희망도 되살릴 수 있다.

군사문제를 직시하라

흔히 문재인 정부의 대북정책을 두고 '진보적'이라고나 심지어 '유화적'이라고들 한다. 그러나 문재인 정부의 대북정책은 언행 불일치, 좌충우돌, 내로남불 등의 표현으로 요약할 수 있다.[7] 진보적이라거나 유화적이라는 표현은 현실과 너무나도 동떨어진 것이다. 나 역시 문재인 정부의 성공을 간절히 바라고 있지만, 적어도 대북정책에서만큼은 실패하고 있다고 진단할 수밖에 없다.

대선후보 시절 문재인이 내놓은 공약 가운데 가장 눈에 띈 것은 국방비를 GDP(국내총생산) 대비 2.5%에서 2.9%로

---

7) 이에 대해서는 《한반도의 길, 왜 비핵지대인가?》, 154~164쪽 참조.

올리겠다는 것이었다. 나는 이 공약만은 지켜지지 않기를 바랐다. 이렇게 군비증강을 하면 남북관계와 한반도 평화는 더욱 멀어지고 민생고도 더욱 깊어질 것이라고 여겼기 때문이다. 그러나 문재인의 대선공약 가운데 가장 잘 지켜진 것이 바로 이것이다. 2021년 국방비가 GDP 대비 2.8% 수준까지 올라온 것이다. 문재인은 대선 후보 때 "김정은이 가장 두려워하는 대통령이 될 것"이라고도 말했다. 강력한 군사력 건설 의지도 이러한 맥락에서 나온 것이 아닌가 한다.

남북관계와 한반도 정세에 가장 큰 영향을 미치는 분야는 무엇일까? 바로 군사문제이다. 과거에도 군사문제의 중요성은 컸지만, 북한의 핵과 미사일 능력 증강과 이에 따른 미국과 유엔 주도의 대북제재가 촘촘해져 남북경제협력 재개가 대단히 어려워진 후에는 군사 분야의 중요성이 더욱 커졌다. 2018년 4월과 9월 남북정상회담을 관통하는 기조도 바로 이것이었다. 그런데 한반도 군사문제에 대한 인식, 정책, 전략에는 심각한 불균형이 존재한다. 대북정책의 중대 목표가 한반도 비핵화에 있다고 할 때, 이는 북한이 군사적 억제력의 핵심으로 삼아온 핵무기를 내려놓는 것과 궤를 같이 한다.

이것이 군사적으로 가능해지려면 한미동맹 역시 과도한 군사적 우위 추구를 자제해야 했다. 이미 한미동맹의 대북 억제력이 강력했던 만큼 이를 적절하게 조절해야 했다. 그러나 문재인 정부의 국방정책은 대북정책의 '예외 지대'처럼 존재해왔다. "북한의 평화를 지켜주는 것은 핵무기가 아니라 대화와 신뢰"라고 하면서 "한국의 평화를 지켜주는 것은 강력한 한미동맹과 국방력"이라는 화법과 이를 뒷받침하는 정책으로 4년을 보냈다. 이것이야말로 대북정책 실패와 남북관계 악화의 결정적인 원인이다.

이런 상황임에도 정부의 성찰이나 정치사회의 생산적인 공론화는 거의 찾아볼 수 없다. 북핵 해결이 한국 및 한미동맹의 대북군사정책 및 능력과 불가분의 관계에 있는데, 이를 모르거나 모르는 척해왔다. 대북정책 실패의 가장 큰 원인이 역대급 군비증강에 있는데 이를 지적하는 목소리는 극소수에 불과하다. 일례로 여당인 더불어민주당은 2020년 총선에서 '판문점선언 비준'과 '세계 5위 군사대국 건설'을 공약으로 내세웠다. 판문점선언의 중요한 합의 사항은 '단계적 군축'에 있는데, 이를 비준한다면서 세계 5위의 군사력을 갖추겠다는 것이 앞뒤가 맞는 말인가? 그런데도 이를 비판하는 목소리는 거의 없었다.

흔히 북핵은 북미 간의 문제라고 한다. 맞으면서도 꼭 그런 것은 아니다. 군사문제의 중요성이 커질수록, 남북한 사이의 군사력 격차가 커질수록 한국의 선택도 북한의 선택에 큰 영향을 미치기 때문이다. 김정은은 현실주의자이다. 이런 김정은이 북미관계만 잘 풀린다고 해서 남한과의 경제력 격차는 50배, 군사비 격차는 20~30배 차이가 나는데 핵을 선뜻 내려놓겠는가? 핵을 내려놓은 다음에 군사력 격차를 좁히려면 비핵 군사력에 엄청난 투자를 해야 하는데 이게 경제발전 노선과 어울리겠는가? 적어도 현실주의 관점에서는 기대하기 어렵다.

북미관계를 바라보는 또 하나의 착각은 문재인 정부의 정책과 전략은 훌륭해서 북한과 미국을 잘 설득하고 중재하는 걸 과제로 여기는 것이다. 그러나 나는 문재인 정부의 정책과 전략 자체에도 큰 문제가 있었다고 본다. 임기 초에 대북제재 유지·강화에 쉽게 동의한 것이나, 비핵화를 둘러싼 북미 간의 동상이몽이 컸음에도 불구하고 '같다'는 말을 반복하면서 창의적 대안을 제시하지 못한 것이 대표적이다. 또 영변 핵시설의 폐기 가치를 지나치게 높게 본 것이나, 실효성이 의문시되는 종전선언에 집착해온 것도 문제였다. 남북관계와 한반도 평화프로세스가 중대 기로에 서 있었을 때, 한미연합훈련을 강행한 것 역시 마찬가지이다.

이는 문재인 정부의 남은 임기 및 차기 정부의 대북정책과 관련해 중대한 함의를 지닌다. "한미동맹은 강해져야 하고 국방비는 매년 늘려야 한다"는 고정관념에서 탈피하지 못하면, 남북관계 회복과 한반도 평화는 영원히 오지 않을 수도 있다. 또 정교하고도 창의적이며 담대한 평화정책과 전략을 마련하지 못하면, 북미관계와 한반도 평화프로세스에서 '을'의 신세를 벗어날 수도 없다. 그러므로 문재인 정부가 남은 임기 동안, 그리고 차기 정권을 꿈꾸는 사람들이 가져야 할 절박한 덕목은 '성찰'이다.

제1부

실패로부터 배우는 교훈

1. 한미연합군사훈련에 관하여

한반도 정세와 관련해 연례행사처럼 되풀이되는 것이 있다. 바로 한미연합군사훈련을 둘러싼 갈등이다. 이를 두고 35년 간 미군으로 근무하면서 대다수 연합훈련에 참가한 로버트 콜린스는 "200만 명에 가까운 군인들이 근접해 있는 한반도에서 세 나라가 벌여온 강도 높은 군사훈련과 이에 따른 긴장은 다른 지역이나 나라에서는 찾아보기 힘든 것"이라고 일갈했다.[8]

북한은 연합훈련을 대표적인 적대시 정책으로 간주하고 중단을 요구해왔다. 특히 북한은 2018년 6월 1차 북미정상회담에서 도널드 트럼프 대통령이 한미연합훈련을 '도발적인 전쟁게임(war game)'이라고 부르면서 중단하기로 약속한 것이 잘 지켜지지 않자 더 예민한 반응을 보여 왔다. 이에 대해 한미동맹은 '연례적·방어적 훈련'이라는 말을 되풀이

---

8) ROBERT COLLINS, "A Brief History of the US-ROK Combined Military Exercises," 38north, FEBRUARY 26, 2014. https://www.38north.org/2014/02/rcollins022714/

하면서 연합훈련과 연습을 강행한다. 대북 군사태세를 유지하기 위해서는 필수적이라는 것이다.

여기에는 한미 각국의 필요도 반영되어 있다. 문재인 정부는 전시작전권 환수를 위해서는 연합훈련이 필수적이라고 여긴다. 미국에게 한미군사훈련은 '전지훈련'의 성격도 있다. 1년 단위로 순환배치를 하는 미군에게 한반도만큼이나 실전에 가까운 군사훈련을 할 수 있는 장소도 마땅치 않은 것이다. 2021년 1월 28일 미국 국방부 대변인이 연합훈련 실시 여부와 관련된 질문에 대해 "우리는 군사태세 유지를 위해 훈련과 연습의 가치를 인식하고 있고 한반도보다 더 중요한 장소도 없다"고 밝힌 것도 이런 분석을 뒷받침해 준다.

군대가 있으면 훈련을 해야 하고 한미연합방위체계를 유지하고 있으니 연합훈련을 하는 것은 당연하다고 생각할 수 있다. 그런데 이러한 생각으로 연합훈련을 연례적으로 실시하면 한반도 긴장도 연례적으로 고조된다. 한반도 평화와 비핵화, 그리고 남북관계의 발전을 도모할 기회의 유실을 동반하면서 말이다. 이에 따라 '제로섬(무승부 없이 승자와 패자가 존재하는 게임. 승자 득점과 패자 실점을 합했을 때 0이 된다.)'

의 관점에서 벗어나 대북 군사태세의 적절한 유지와 한반도 문제의 외교적 해결 기여라는 두 가지 목표를 균형 있게 추구할 수 있는 연합훈련의 대안을 모색하는 것이 대단히 중요하다. 역사에서 교훈을 찾을 수 있다.

한미연합훈련의 역사

한미연합훈련은 정전협정 체결 2년 후인 1955년부터 본격 시작되었다. 이때부터 1978년 한미연합사를 창설해 작전권을 연합사로 이양할 때까지 연합훈련은 유엔사령관이 주관했다. 1960년대 중반까지 연합훈련은 '추기(秋期)', '봄비', '반격', '강력한 방패' 등 다양한 이름으로 실시되었고 유사시 정전체제를 회복하는 방어적 성격이 짙었다. 1960년대 후반 들어서는 미국 내에서 '제2의 한국전쟁'이라는 말이 나올 정도로 북한의 도발과 그에 따른 물리적 충돌이 잦아졌다. 그러자 유엔사는 연합훈련의 명칭을 '포커스 렌즈'로 변경해 미국의 역외전력을 신속하게 한반도로 전개하는 연습

을 강화했다.[9] 이는 베트남 전쟁에 따른 북한의 오판 가능
성과 군사 모험주의를 억제하려는 의도에서 비롯된 것이다.

이처럼 한미연합훈련이 대폭 강화되자 북한은 포병을 비
롯한 상당량의 군사력을 전진 배치하는 것으로 응수했다.
당시 미국은 전술핵무기를 대거 한국에 배치했는데, 북한
군사력의 전진 배치는 '적 끌어안기'의 의도도 있었다. 북한
군을 휴전선에 근접시키면 미국이 아군의 피해를 우려해
쉽게 핵무기를 사용할 수 없을 것이라는 판단이 깔려 있었
다. 그러자 한미동맹은 연합훈련을 더더욱 강화했다. 1976년
여름부터 한국의 을지연습과 기존의 포커스 렌즈를 통합해
'을지포커스 렌즈'를 시작했는데, 이는 당시 세계 최대 규모
의 시뮬레이션 훈련이었다.[10]

이 와중에 '풍선효과'가 일어났다. 유럽에서 미국 주도의
북대서양조약기구(NATO)와 소련 주도의 바르샤바조약기구
는 헬싱키 프로세스를 통해 군사훈련을 대폭 축소하기로
했다. 유럽 데탕트가 본격화된 것이다. 그런데 그 불똥이 한

---

9) 포커스 렌즈는 간혹 '포커스 레니타', '포커스 볼트' 등의 명칭으로도 사용되었지만
일관된 표현은 '포커스 렌즈'이다.

10) ROBERT COLLINS, "A Brief History of the US-ROK Combined Military
Exercises".

반도로 튀었다. 유럽에서 대규모 군사훈련을 할 수 없게 된 미국이 한반도와 그 인근에서 1976년부터 '팀 스피릿' 훈련을 시작한 것이다. 매년 봄에 실시된 이 훈련에는 20~30만 명의 병력과 다양한 핵 투발수단이 동원되었다. 이 역시 당시 세계 최대 규모의 야외 기동훈련이었다.

북한은 팀 스피릿 훈련에 극도로 민감한 반응을 보였다. 1993년에 김일성을 면담한 개리 아커맨 미국 의원은 "그가 팀 스피릿을 거론할 때, 손을 부들부들 떨었다"고 말했고, 제임스 클래퍼 국방정보국(DIA) 국장은 의회에서 "북한은 팀 스피릿 훈련에 거의 미쳐버릴 지경"이라고 증언하기도 했다.[11] 실제로 북한은 팀 스피릿이 실시될 때마다 사실상의 전시 체제로 전환했고, 때로는 협박으로 때로는 읍소에 가까운 호소로 이 훈련의 중단을 요구했다. 앞서 소개한 콜린스는 북한이 핵무기를 비롯한 '비대칭' 무기개발을 본격화한 것도 세계 최대 규모로 강해진 한미연합훈련에 대한 대응 성격이 짙다고 분석한다. 세계 최대 규모의 한미연합훈련

---

11) John F. Farrell, Team Spirit: A Case Study on the Value of Military Exercises as a Show of Force in the Aftermath of Combat Operations, Air & Space Power Journal, Fall 2009.

과 북핵 문제의 오랜 악연은 이렇게 시작되었다.

1991년에 접어들면서 한미연합훈련과 관련해 중대 변수가 등장했다. 북한의 핵개발이 논란거리로 부상한 것이다. 한편에서는 북한의 핵개발 중단 압력을 높이고 북핵시설 파괴를 위해 연합훈련 '강화'의 필요성이 제기되었다. 이는 작전계획 5027에 영변 핵시설 파괴 및 평양 점령까지 반영되는 것으로 나타났다. 다른 한편으로는 북한과의 외교적 해결을 도모하기 위해서는 연합훈련을 자제해야 한다는 주장도 제기되었다. 당시 북한은 국제원자력기구(IAEA)와 안전조치협정 체결을 논의하고 있었는데, 팀 스피릿 중단을 협정 체결의 조건으로 내세우고 있었다. 결국 한미 양국이 북한의 요구를 수용하면서 연합훈련을 둘러싼 갈등도 해소되는 듯했다.

그러나 한미 국방장관이 1992년 10월 팀 스피릿 재개를 발표했고 북한의 강력한 반발 속에 이듬해에 이 훈련이 실시되었다. 1993년 하반기 들어 북미협상이 본격화되면서 1994년 팀 스피릿을 취소했고 그해 10월 북미 제네바 기본합의가 체결되면서 이 훈련은 종식되었다. 대신 한미동맹은 매년 봄에는 지휘소훈련인 '연합전시증원훈련'과 야외 기동훈련인 '독수리훈련'을, 매년 여름에는 지휘소훈련인 을지 포커스 렌즈를 실시했다. 2007년에는 연합전시증원훈련이 '키 리졸브(Key Resolve)'로, 을지 포커스렌즈는 '을지 프리덤 가디언'으로 명칭이 변경되었다.

명칭은 바뀌었지만 세계 최대 규모의 군사훈련이라는 점은 변함이 없다. 일례로 2017년 봄에 실시된 키 리졸브 와 독수리훈련에는 약 33만 명의 병력이 참가했다. 같은 해 늦여름에 실시된 을지프리덤 가디언에는 미군 1만3000명 과 한국군 1만 명이 참가했다.[12] 컴퓨터 시뮬레이션 방식 의 연합지휘소훈련에도 상당한 병력이 참가한다는 것을 알 수 있는 대목이다. 2009년부터 한미연합훈련은 '다자화' 되었다. 유엔사령부 산하에 다국적협조센터(Multi National Coordination Center)가 설립되어 유엔사 전력공여국들이 연 합훈련에 본격적으로 참가하기 시작한 것이다. 이와 관련해 2014년에 다국적협조센터 부소장을 맡았던 크리스 오스틴 대령은 "최근에 전력공여국의 역할이 참관단을 보내는 수 준에서 더 확대되었다"고 밝혔다.[13] 또 미국은 일본이 유엔

---

12) Terence Roehrig, ROK-U.S. Exercises and Denuclearizing North Korea: Diplomacy or Readiness?, KEI ACADEMIC PAPER SERIES, April 23, 2020.

사의 깃발 아래 한미연합훈련에 참여할 수 없다는 점을 고려해, 한미일 3자 연합훈련으로 이를 만회하려고 해왔다.

그 이후 한미연합훈련은 트럼프가 중단을 선언하면서 기로에 서게 되었다. 그는 2018년 6월 12일 김정은과 정상회담을 마치고 가진 기자회견에서 "우리는 전쟁 게임(war game)을 중단할 것"이라며 두 가지 이유를 들었다. 하나는 "큰돈을 아낄 수 있다"는 것이고 또 하나는 "매우 도발적"이어서 대북협상에 도움이 되지 않는다는 것이다. 이는 미국 국방부와 한국 정부와의 사전 협의 없이 나온 것이다. 트럼프는 2019년 6월 30일 김정은과의 판문점 회동에서도 연합훈련 중단을 거듭 약속했다.

그 이후 한미연합훈련은 여러 가지 변화된 모습을 보였다. 매년 8월에 실시되던 을지 프리덤가디언은 2018년에 취소되었다. 그러나 2019년 3월에는 기존 '키 리졸브와 독수리훈련'이 '동맹연습'이라는 명칭으로 변경되어 축소 실시되었고, 8월에도 한미연합지휘소훈련(CPX)이 실시되었다. 2020년 3월에는 지휘소훈련을 준비하다가 코로나-19 상황

---

13) https://isdp.eu/publication/u-s-rok-military-exercises-provocation-possibility/

이 악화되어 무기한 연기되었고 8월에는 지휘소훈련이 실시되었다.

그런데 한미연합훈련이나 연습은 3월과 8월에만 있는 것이 아니다. 3월과 8월에는 전면전을 상정해 한미 '연합(combined)' 및 육해공 '합동(joint)', 그리고 미국의 증원전력을 포함한 전구급 훈련의 성격이 짙다. 이외에도 한미 공중훈련인 '맥스 선더'와 '비질런트 에이스', 한미연합해병대훈련, 한미미사일방어통합훈련도 존재한다. 아울러 대규모 훈련이 취소되거나 축소되면서 대대급 소규모 연합훈련이 크게 늘었다는 점도 주목할 필요가 있다. 2018년 91회였던 것이 2019년에는 186회로, 2020년 상반기에만도 100회 이상으로 늘어난 것이다.[14]

방어적? 도발적?

한미연합훈련은 방어적일까, 도발적일까? 이와 관련해 2018년

---

14) 〈헤럴드경제〉2020년10월8일. http://news.heraldcorp.com/military/view.php?ud=20201008000192

6월 북미정상회담에서 당시 미국 대통령이었던 도널드 트럼프는 '매우 도발적'이라며 중단을 선언한 바 있다. 이에 반해 문재인 대통령은 '방어적'이라며 계속 실시하는 쪽에 방점을 찍어왔다. 누구의 말이 진실에 더 가까울까? '공격이 최선의 방어'라는 말이 있듯이 전쟁에서 방어와 공격의 경계는 모호하다. 초고속 전투기와 미사일이 현대전의 주축을 이루는 만큼, 전방과 후방의 경계 또한 모호하다.

한미연합훈련은 양국 군사력의 구성 및 작전계획과 불가분의 관계를 맺고 있다. 무기와 장비를 시험해보고 이를 운용하는 병력의 숙련도를 높이며 작전계획의 일부, 혹은 전체를 연습해보는 성격을 갖고 있기 때문이다. 이에 따라 한미연합훈련의 성격은 양국 군사력의 구성 및 작전계획과 함께 바라봐야 전체적인 그림을 그릴 수 있다.

한미연합훈련의 기본적인 목적은 북한의 공격을 억제하고 억제 실패 시 방어 및 격퇴하는 데에 있다. 그러나 이 기본적인 목적에서 벗어나 점차 공세적이고 도발적으로 변해왔다는 점도 부인하기 어렵다. 한미연합사의 작전계획 5027에 유사시 북한을 군사적으로 점령해 통일을 달성한다는 내용이 포함된 때는 1990년대 후반기였다. 그 이후 연합훈련은 '방어'와 '반격' 두 단계로 나누어 진행되었고 반격에 통일까지 포함되었다. 문재인 정부 시기에도 이러한 계획은 유지되어왔다. 2019년 8월에 실시된 한미연합지휘소훈련에는 '수복지역에 대한 치안·질서 유지'와 '안정화 작전'까지 포함되었는데, 이는 사실상 유사시 북한 점령을 의미한다. 이걸 두고 '방어적'이라고 하긴 어려울 것이다.

한미연합사의 작전계획 및 이와 연동된 연합훈련과 관련해 주목할 것은 2015년에 양국이 합의한 작계 5015이다. 이 작계는 이전에 있었던 5026과 5029 등을 통합하고 새로운 내용을 추가한 것으로 알려져 있다. 핵심적인 내용은 북한의 핵무기 사용 징후 포착 시 선제타격, 북한 급변사태 발생 시 한미연합군 투입 등이다. 그런데 여기서 그치지 않는다. 2015년 8월 27일 국방부의 조상호 군구조개혁추진관은 북한의 핵무기 사용 징후가 보이면 승인권자를 제거한다는 내용의 '참수작전'을 언급했다.

그리고 이듬해 3월에 한미 양국은 역대 최대 규모의 연합훈련에 돌입했다. 양국 군 34만 명과 전략자산 및 첨단무기가 대거 동원되었다. 훈련의 주된 목적은 작계 5015를 적용하는데 두었고, 이에 따라 참수작전, 북핵과 미사일 시설에 대한 정밀 타격, '탐지-교란-파괴-방어', 평양진격작전 등이 망라된 것으로 알려졌다. 이에 대한 북한의 반발도 격렬했다. 선제공격 당하기 전에 핵무기를 사용할 수 있다고 위협했고, '통일성전' 운운하면서 전쟁이 터지면 '주체적 전쟁 방식'으로 통일을 완수하겠다고 공언했다.

이게 과거지사일까? 일단 문재인 정부 들어 참수작전과 선제공격 같은 자극적이고 도발적인 언급은 눈에 띄게 줄어들었다. 이전까지 세계 최대 규모로 실시했던 연합훈련의 규모와 기간도 줄어들었다. 그러나 작계 5015가 폐기되거나 크게 완화되었다는 소식은 들리지 않는다. 주목할 점은 또 있다. 정치적 표현은 완화되었지만, 군사력의 구성은 훨씬 강해졌다는 것이다.

참수작전은 주로 박근혜 정부 때 거론되었지만, 그 군사적 능력은 문재인 정부 들어 구비되고 있다. 유사시 북한 전쟁지도부 제거 임무를 수행하는 '특수임무여단'은 2017년 12월 1일 창설됐고 첨단무기로의 무장화도 가속화되고 있다. 북한 지도부 참수작전 및 북핵 선제타격의 핵심전력으로 거론되었던 F-35 40대 도입도 박근혜 정부 때 결정되었지만 도입 및 전력화는 문재인 정부 들어 본격화되고 있다.

게다가 경항공모함 탑재용 20대와 공군용 20대를 추가로 구매하는 방안도 검토되고 있다.

이뿐만이 아니다. 앞서 언급한 것처럼 작전계획 및 연합훈련에는 한반도 유사시 무력 통일까지 추구하려는 목표도 내재되어 있다. 그런데 이에 필요한 개념 및 전력도 문재인 정부 들어 크게 증강하고 있다. 미래합동작전개념에 따른 입체기동부대 창설이 바로 그것이다. 이를 주도한 문재인 정부의 초대 국방장관 송영무는 "적의 중심지역으로 신속하게 기동하여" "상대의 전쟁 수행 의지와 능력을 최단시간 내에 마비 및 무력화시키고 전승을 달성하여 전쟁을 종결"시키는 것이 목표라고 밝혔다.[15]

입체기동부대는 공중에서 투입되는 공정사단, 지상에서 진격하는 기동군단, 해상에서 투입되는 해병대로 구성된다. 유사시 이들을 동시에 투입해 평양을 신속히 점령한다는 것이 미래합동작전의 요체인 것이다. 그리고 문재인 정부의 대폭적인 군비증강에 힘입어 이들 부대의 첨단무장화도 빠른 속도로 이뤄지고 있다.

---

15) 송영무, 《선진 민주국군을 향해: 문재인 정부의 국방정책》, (박영사, 2020년), 43~45쪽.

혹자는 비핵화의 전망은 어두워지는 반면에 북한의 핵 능력 강화는 가시화되고 있다는 점을 들어 상기한 내용이 필요하다고 주장한다. 그러나 문재인 대통령이 대규모 전력 증강에 기반을 둔 국방개혁 2.0을 재가한 시점은 2019년 1월이었다. 2018년 세 차례의 남북정상회담과 최초의 북미정상회담 직후이자 2차 북미정상회담을 앞둔 시점이었다. 문재인 정부 스스로 비핵화 전망이 어느 때보다 밝다고 하면서 그 비핵화 전망을 어둡게 하는 조처를 취한 셈이다.

한미연합훈련의 성격과 관련해 또 한 가지 주목할 점이 있다. 작전의 범위가 한국을 넘어 일본, 괌과 하와이, 그리고 미국 본토로까지 확대되고 있거나 그렇게 될 가능성이 높다는 것이다. 북한의 핵과 미사일 능력은 이미 미국 본토까지 다다를 수준에 도달하고 있다. 그리고 한반도 유사시 미국의 증원전력은 주일미군, 괌과 하와이, 그리고 미국 본토에서도 전개된다. 이에 따라 전쟁이 임박하거나 발발 시 이들 지역에 대한 방어도 중요해질 수밖에 없다. 그 중심에는 MD(미사일방어체제)가 도사리고 있다. 실제로 과거 한미일은 '퍼시픽 드래곤'이라는 해상 MD 훈련을 실시한 바 있고, 한미일 정보공유약정, 한일 정보보호협정(지소미아), 사드 배치

등도 이를 염두에 둔 것이다. 바이든 행정부 들어서도 이러한 기류는 여전히 나타나고 있다. 한미일 삼각 공조의 핵심으로 MD를 삼고 있기 때문이다.

한미연합훈련과 북핵 문제와의 관계

앞서 언급한 것처럼 1990년대 초반 북핵 문제가 본격화된 이후 이 문제는 한미연합훈련과 불가분의 관계를 맺어왔다. 첫 반전은 1992년 1월에 일어났다. 노태우 대통령과 조지 H.W 부시 대통령이 팀 스피릿 중단을 공식 발표한 것이다. 한미 양국은 공식 발표에 앞서 이를 북한에 통보했다. 그러자 북한도 남북기본합의서와 한반도비핵화공동선언을 체결하고 IAEA(국제원자력기구) 안전조치협정에도 가입했다. 그러나 팀 스피릿 훈련 중단 선언으로 흥(興)한 한반도 정세는 이 훈련의 재개로 망(亡)하고 말았다. 한미 국방장관이 1992년 10월 8일 워싱턴에서 열린 한미연례안보협의회의(SCM)에서 팀 스피릿 훈련 재개 방침을 발표하고 이듬해 훈련 재개에 들어간 것이다.

그러자 북한은 팀 스피릿 훈련 재개 및 IAEA의 특별사찰 결의를 강력히 비난하면서 1985년에 가입했던 핵확산금지조약(NPT)에서 탈퇴했다. 이른바 '북핵 위기'는 이렇게 시작되었다. 이를 두고 당시 주한 미국대사였던 도널드 그레그는 팀 스피릿 훈련의 재개야말로 한반도 정책의 "가장 큰 실수"라고 회고했다. "남북관계와 북미관계에서 이루어졌던 모든 긍정적 성과가 물거품이 되고 말았다"고 본 것이다.[16] 당시 한미 대통령의 약속이 지켜졌다면, 이후 상황은 판이하게 달라졌을 것이다. 초기 단계에 있었던 북핵 문제가 진즉에 해결되어 30년 동안 이 문제로 골머리를 앓는 상황이 없었을 수도 있다.

2008년 8월에 김정일 국방위원장이 뇌 관련 질환으로 쓰러지자 이명박 정부는 '흡수통일의 꿈'을 꾸기 시작했다. 이명박 대통령은 김정일의 죽음이 다가오고 있고 그의 죽음이 북한 붕괴로 이어질 테니 한국은 이를 기다리면서 통일을 준비해야 한다는 취지로 "기다리는 것도 전략"이라고 말했다. "북핵 문제의 궁극적인 해법은 통일에 있다"는 말도

---

16) 〈중앙일보〉 2014. 4. 18.

공공연히 나왔다. 말로만 끝난 것이 아니었다. 김정일 유고 시 한미연합군을 북한에 투입해 대량살상무기를 확보하고 북한을 무력으로 통일하는 방안도 검토되었다.

이러한 방안은 한미연합훈련으로 구체화되었다. 2009년 2월 중순~3월 초에는 '키 리졸브 및 독수리훈련'이 예고되어 있었다. 북한은 이 훈련의 실시 여부를 새롭게 출범한 오바마 행정부의 대북정책에 대한 판단기준으로 삼고 유엔사와 장성급 회담을 통해 이 훈련의 취소를 요구했다. 그러나 미국은 한미군사훈련은 연례적이고 방어적인 것이라며 북한의 요구를 일축했다. 하지만 '방어적'이라고 보기에는 너무 자극적이었다. 한미 수뇌부는 수시로 김정일의 건강문제를 거론하고, 북한 급변사태 발생 시 한미연합군의 투입 필요성을 공개적으로 언급하면서 연합훈련에 이러한 내용도 포함된다고 밝혔다.

북한의 반발 수준도 급격히 올라갔다. 한미연합훈련 기간에 북한의 영공과 그 주변을 통과하는 남한 민항기들의 "항공안전을 담보할 수 없게 되었다"고 위협했다. 또 미국이 MD로 북한의 로켓을 요격할 수 있다고 언급하자, "우리의 평화적 위성에 대한 요격은 곧 전쟁을 의미한다"며, "가장 위력한 군사적 수단으로 보복 타격전을 개시하게 될 것"이라고 응수했다. 아마도 이 시기에 김정일이 핵무장을 결심했던 것으로 보인다. 한미동맹의 무력 흡수통일 시도를 저지하려면 결정적인 한 방을 갖고 있어야 한다고 여겼을 가능성이 높았다는 것이다. 북한이 4월에 ICBM(대륙간탄도미사일) 개발로도 이용될 수 있는 위성 발사를 강행하고 5월에 핵실험에 나서면서 '조선반도 비핵화의 종말'을 언급한 것도 이러한 분석을 뒷받침해준다. 이는 적극적인 외교를 다짐했던 오바마 행정부가 전략적 인내로 후퇴하게 되는 결정적인 배경이 되기도 했다.

가장 근래의 사례로는 2019년 여름에 있었던 일을 살펴볼 필요가 있다. '하노이 트라우마'에 시달리던 김정은은 지푸라기라도 잡는 심정으로 6월 10일 트럼프에게 친서를 보냈다. "우리 사이의 깊고 특별한 우정이 북미관계의 진전을 이끄는 마법의 힘으로 작용"할 것이라며 3차 북미정상회담 의지를 강력히 피력했다. 이틀 후 트럼프도 답장을 보내 "당신의 의견에 전적으로 동의한다"며 "당신과 나만이 두 나라 사이의 문제를 풀 수 있다"고 화답했다.[17] 그리고 6월 30일 세계를 놀라게 한 '깜짝쇼'가 펼쳐졌다. 트럼프가 트위터로 판문점에서 만나자고 제안하자 김정은이 수락한 것이다. 김정은은 "우리가 맞닥뜨리는 난관과 장애를 견인하고 극복하는 신비로운 힘이 될 것이라고 확신한다"고 말했다.

하지만 김정은이 품었던 확신이 실망으로 바뀌는 데에는 오랜 시간이 걸리지 않았다. 트럼프는 판문점에서 김정은에게 한미연합훈련 중단을 약속했다. 그런데 존 볼턴 당시 백악관 안보보좌관은 7월 24일 정의용 청와대 안보실장과 만나 연합훈련을 실시하기로 합의했다.[18] 김정은의 '권언'은 이 와중에 나왔다. 그는 7월 25일 실시된 단거리미사일 시험 발사를 지도한 자리에서 "남조선 당국자들이 세상 사람들 앞에서는 '평화의 악수'를 연출하며 공동선언이나 합의서 같은 문건을 만지작거리고 뒤돌아 앉아서는 최신 공격형 무기반입과 합동군사연습 강행과 같은 이상한 짓을 하는 이중적 행태를 보이고 있다"며 불만을 쏟아냈다. 그러면서 "바른 자세를 되찾기 바란다는 권언을 남쪽을 향해 오늘의 위력 시위 사격 소식과 함께 알린다"고 덧붙였다.

하지만 8월 들어 한미 국방부가 연합훈련을 실시할 것이

---

17) Bob Woodward, Rage, Lulu.com, 2020, pp. 175-176.

18) John Bolton, p. 325.

라고 발표하자 김정은은 8월 5일 트럼프에게 친서를 보냈다. "나는 도발적인 연합군사훈련이 중요한 문제를 논의하기 위한 조미실무회담에 앞서 취소되거나 연기되는 것으로 알고 있었다"며 "이 훈련은 누구를 겨냥한 것이냐"고 물었다. 주목할 점은 김정은이 이 편지에서 남한의 정경두 국방장관을 강하게 비난했다는 것이다. 그는 "며칠 전 남조선의 국방부 장관이 우리의 재래식 상용무기 현대화를 두고 '도발'이자 '위협'이라며 우리가 계속 '도발'하고 '위협'하면 우리 정권과 군을 '적'으로 간주하겠다고 말했다"고 소개했다. 그는 또한 "나는 미군이 이러한 남조선의 편집광적이고 매우 민감한 행동에 관여하고 있는 것이 좋지 않다"며 "나는 너무 기분이 나쁘다. 이 감정을 당신에게 숨기고 싶지 않다"고 썼다. 이를 두고 우드워드는 김정은이 "낙담한 친구나 연인" 같았다고 표현했다.[19]

급기야 8월 11일 시작된 한미연합지휘소훈련에는 '수복지역에 대한 치안·질서 유지'와 '안정화 작전'까지 포함되었다. 사흘 후에는 국방부가 2020~2024년 국방중기계획을 공

---

19) Bob Woodward, pp. 179-180.

실패로부터 배우는 교훈 45

개하면서 5년간 무려 290조5000억 원의 국방비를 투입하겠다고 발표했다. 남북정상회담의 합의 정신과 김정은의 '권언'이 철저하게 무시당했다고 판단한 북한은 막말을 쏟아내기 시작했다. 문재인이 8·15 경축사에서 한반도 평화경제론을 역설하자, "삶은 소대가리도 앙천대소할 노릇"이라며 "남조선 당국자들과 더 할 말도 없으며 다시 마주 앉을 생각도 없다"고 못 박았다.

판문점 번개팅에서 트럼프는 한미연합훈련 중단을 약속했고 김정은은 북미실무회담 개최 동의로 화답했었다. 그리고 북한은 북미실무회담을 8월 중순으로 잡고 있었다.[20] 하지만 북미실무회담이 있어야 할 자리를 한미연합훈련이 대신하고 말았다. 연합훈련 강행 소식에 낙담한 김정은이 실무회담을 뒤로 미룬 것이다. 바로 이 대목에서 문재인 정부의 결정적인 실책을 발견하게 된다. 트럼프가 약속했던 연합훈련 취소 결정을 받아들이면서 북미실무회담과 관련해 한미 간의 정책 조율에 집중했어야 했는데, 그렇게 하지 않은 것이다. 북한의 대남 증오심도 이때를 거치면서 증폭되었다.

---

20) John Bolten, p. 321.

전향적 결단이 사라지면서

돌이켜보면 한미연합훈련에 대한 문재인 정부의 행보는 오락가락 그 자체였다. 취임 초기였던 2017년 6월 중순 문정인 통일외교안보 특별보좌관은 "북한이 핵과 미사일 활동을 중단하면 미국의 전략자산 전개를 포함한 한미연합훈련 규모 축소를 미국과 논의할 수 있다"고 말했다. 이에 대해 국내 보수 진영에서 거세게 반발하자, 청와대는 "청와대에서 책임질 만한 분이 문 특보에게 연락해 한미관계에 도움이 되지 않는다고 엄중하게 말했다"며 진화에 나섰다. 2주후에 문재인은 워싱턴행 전용기에서 가진 기자회견에서 북한의 핵실험과 미사일 시험 발사를 '나쁜 행동', '악행', '불법', '도발'로 규정하면서 북한과 중국이 제안한 '쌍중단'을 거부했다. 쌍중단을 수용하면 갓 출범한 트럼프 행정부와 마찰이 일어날 것이라는 우려가 컸던 탓이다. 그런데 정작 트럼프는 한미연합훈련에 불만을 갖고 있었다.

한미연합훈련에 대해 강경한 태도를 보였던 문재인은 평창올림픽이 다가오면서 변화를 꾀하기 시작했다. 2017년 12월 19일 미국 〈NBC〉 방송과의 인터뷰에서 "한국과 미국은 한미연합훈련의 연기 가능성을 검토하는 것이 가능하다"며 "나는 미국에 이를 제안했고, 미국은 현재 이를 검토하고 있다"고 밝힌 것이다. 이듬해 1월 4일 트럼프와의 전화통화에서는 3월로 예정되었던 '키 리졸브/독수리훈련'을 평창대회 이후로 연기하기로 합의했다. 이를 계기로 북한의 평창대회 참가와 남북정상회담, 그리고 북미정상회담이 숨 가쁘게 전개되었다. 연합훈련 연기라는 전향적인 결단을 통해 한반도 평화프로세스를 본격화한 것이다.

중간에 삐걱거림도 있었다. 4·27 판문점 남북정상회담 보름 후이자 최초의 북미정상회담을 앞두고 한미 양국은 연합공중훈련인 '최대의 천둥(max thunder)'에 돌입했다. 이 훈련에는 세계 최강으로 불리는 F-22 스텔스전투기 8대 등 100여 대의 공군전력이 동원되었다. 괌에서 출격하는 전략폭격기인 B-52의 투입도 거론되고 있었다. 그러자 북한은 이에 강력히 반발하면서 5월 16일로 예정되었던 남북고위급회담을 일방적으로 연기해버렸다.

이는 남북한 사이의 '엇박자'를 잘 보여준 사례이다. 3월 초에 김정은을 면담한 정의용은 평창올림픽을 계기로 연기된 한미연합훈련 재개와 관련해 "4월부터 예년 수준으로 진행하는 것을 이해한다"고 말했다고 전했다. 이 전언은 국내외에서 큰 화제를 불러일으켰다. 한미연합훈련에 극도로 반감을 표했던 북한이, 그것도 최고 지도자가 이해를 표한 것으로 해석되었기 때문이다. 이러한 해석은 북한이 맥스 선더를 빌미로 남북회담을 무기한 연기하자 비난으로 돌변했다. 김정은이 말을 뒤집었다는 것이다. 그런데 정의용에 따르면 김정은은 이런 얘기도 덧붙였다. "한반도 정세가 안정기로 진입하면 한미훈련이 조절될 수 있을 것으로 기대한다."

당시 상황을 복기해보면, 김정은이 이해의 뜻을 나타낸 것은 평창올림픽으로 연기된 '키 리졸브/독수리훈련'이었다고 할 수 있다. 실제로 북한은 4월 초에 이 훈련이 실시되었을 때에 반발하지 않았다. 그러나 4·27 판문점 남북정상회담 직후에 미국의 전략자산까지 투입된 형태로 맥스 선더가 실시되자 "남조선당국과 미국은 역사적인 4·27 선언의 잉크가 마르기도 전에 우리 공화국을 반대하는 대규모의 연합공중훈련을" 실시했다고 반발했다.

이 사례를 소개한 이유는 현재와 미래에도 중요한 교훈을 주고 있다고 여겨지기 때문이다. 2021년 들어 북한이 연합훈련 중단을 요구하자 문재인 정부는 남북대화에서 논의하자는 입장을 내놓았다. 하지만 이는 단견이다. 맥스 선더를 이유로 이미 잡혀 있던 남북회담도 연기한 북한이 한미연합훈련이 예정된 상황에서 남북회담에 응할 것이라고 기대하는 것 자체가 무리였다. 설사 남북회담이 열려도 문제가 될 수 있었다. 북한이 '연례적이고 방어적인 훈련'이라는 남한의 입장을 수용할 리는 거의 없다. 반대로 북한의 요구를 수용해 연합훈련을 중단하겠다고 해도 문제가 될 수 있다. '한미'연합훈련을 '남북'회담에서 취소하기로 결정하면 거센 후폭풍에 시달릴 것이기 때문이다.

이에 따라 대규모의 연합훈련은 한미 간의 논의를 통해 취소키로 하고 이를 발표하기에 앞서 북한에 사전 통보하는 것이 바람직하다. 짧지만 의미 있는 선순환을 만들었던 1992년 1월 팀 스피릿 취소도 이러한 방식으로 이뤄졌었다. 문재인 정부의 아쉬운 점은 이 대목에서도 발견할 수 있다. 정부는 싱가포르 북미정상회담의 합의 사항을 바이든 행정부도 계승·발전시켜야 한다는 점을 강조해왔다. 그러나 계승·발전 대상에 트럼프가 언약한 한미연합훈련 중단은 포함하지 않고 있다. 오히려 '연례적·방어적'이라며 강행 의사를 내비치고 있다.

지극히 당연한 말이지만, 연합훈련은 안보를 튼튼히 하려는 것이다. 안보는 목적이고 연합훈련은 수단이다. 그런데 안보를 강화하기 위해 동원한 수단이 그 목적인 안보를 저해하고 불안을 야기한다면, 훈련을 재검토해야 할 필요성은 커진다. 안보는 상대가 있는 게임이다. 그 상대인 북한의 입장은 첨예한 군비경쟁과 안보 딜레마도 불사할 수 있다는 것이다. 매우 유감스럽고 마땅히 철회되어야 하겠지만, 이게 '있는 그대로의 북한'인 것 또한 사실이다.

　'연례적·방어적 훈련'이라는 이름 아래 같은 행동을 하면서 다른 결과가 나오길 기대하는 것은 어리석은 일이다. 이에 따라 다른 결과를 가져오려면 1992년에 한미 양국 대통령이 했던 약속, 트럼프가 여러 차례 했던 약속을 지금이라도 되살릴 필요가 있다.

2. 전시작전권에 관하여

한미연합훈련은 전시작전권(전작권) 환수와 직결되어 있다. 문재인 정부가 트럼프의 약속에도 불구하고 연합훈련 지속을 희망한 것도 이러한 판단이 주효하게 작용해왔다. 그러나 문재인 정부가 전작권 환수 '조건'으로 연합훈련을 연계시킨 박근혜 정부의 유산을 그대로 계승한 것부터가 중대한 실책이었다. 2017년 6월 트럼프와의 첫 정상회담에서 "조건에 기초한 한국군으로의 전작권 전환"에 합의하고 만 것이다. 2018년과 2019년에 트럼프가 김정은에게 연합훈련 중단을 약속했을 때, 문재인 정부는 연합훈련과 전작권 전환을 분리해야 했는데 오히려 연합훈련에 집착하는 모습을 보였다.

설상가상으로 문재인 정부가 연합훈련을 계속 실시해도 임기 내에 전작권 환수는 불분명한 실정이다. 이에 따라 문재인 정부의 선택지는 크게 두 가지가 있다. 하나는 연합훈련을 계속 실시해 남북관계와 한반도 정세의 반전 기회를 유실시키고 전작권 환수도 불분명해지는 선택이다. 다른 하나는 대규모 연합훈련 취소를 통해 남북관계 회복과 한반도 평화를 위해 막바지 노력을 기울이면서 전작권 환수 '시기'를 놓고 바이든 행정부와 협상하는 선택이다. 그 시기가 차기 정부가 될 가능성도 열어두면서 말이다. 어떤 선택이 바람직할까?

2021년 기준으로 한국은 세계 10위의 경제력과 6위의 군사력을 보유하고 있다. 이런 나라가 전작권을 미국에 의존하고 있는 것 자체부터가 모순적이고 모욕적인 일이다. 한국보다 훨씬 약한 나라들도 작전권은 스스로 행사한다. 이전에도 한국의 국력이 강해지면서 전작권 환수 논의는 여러 차례 있었다. 그런데 번번이 무산되고 말았다. 그 수난사를 살펴보면 대한민국의 부끄러운 자화상을 발견할 수 있다.[21]

노무현 정부와 한나라당의 경우

한국전쟁 발발 직후인 1950년 7월 14일 이승만 대통령이 더

---

21) 전작권 환수 무산의 역사에 대한 자세한 내용은 정욱식, '전작권 환수는 왜 번번이 무산되었나?', 《황해문화》, 2020년 겨울호 참조.

글러스 맥아더 유엔군사령관에게 작전지휘권을 이양한 이후 70년이 넘게 지났다. 이 사이에 작전권에는 여러 가지 변화가 있었다. 1975년 유엔총회에서 유엔사 해체가 결의되자 한미는 1978년에 연합사령부를 창설해 작전통제권을 유엔사령관에서 연합사령관으로 이양했다. 그리고 1994년에는 작전권을 평시와 전시로 나누어 평시작전권은 한국군이, 전시작전권은 연합사령관이 맡게 되었다.[22]

한미 간의 협의를 바탕으로 전작권 환수가 본격적으로 추진되었던 때는 노무현 정부와 조지 W. 부시 행정부 시기였다. 2002년 12월 19일 한국 대선에서 노무현이 당선되자 미국의 도널드 럼스펠드 국방장관은 측근들에게 편지를 보냈다. 그는 노무현의 자주국방 노선을 '좋은 기회(fine opportunity)'로 간주하면서 "이제는 한미관계를 재조정해 한국이 더 많은 부담을 갖도록 해야 한다"고 밝혔다.[23] 럼스펠드는 '한국 방위의 한국화'를 통해 대북억제 및 방어에

---

22) 참고로 우리는 '평시(peacetime)' 작전권이라는 표현을 사용하지만, 미국은 '정전시(armistice)' 작전권이라고도 표현한다. 대북방어태세인 데프콘은 5(평시), 4(정전 시), 3(전쟁 발생 우려 시), 2(북한의 공격 임박 시), 1(전쟁 상황 시) 등으로 구분되는데, 1953년 정전협정 이후 한미 양국은 데프콘-4를 유지하고 있기 때문이다.

23) 2002-12-23 to Doug Feith re South Korea [rumsfeld]. https://papers.rumsfeld.com/

서 주한미군의 역할을 줄이고 지역적 역할을 강화하고 싶었는데, 노무현의 등장을 좋은 기회로 간주한 것이다.[24]

전작권 전환 문제도 이러한 맥락에서 이해할 수 있다. 부시 행정부 입장에서는 전작권을 조속히 한국에 넘겨주어야 주한미군의 전략적 유연성을 확보해 '지역적 역할'을 강화할 수 있다. 노무현 정부 입장에서는 전작권을 환수해야 실질적으로 자주국방을 달성할 수 있다. 이는 2005년 10월 한미안보협의회의(SCM) 및 11월 한미정상회담에서 전작권 전환 협의를 '적절히 가속화'하기로 합의한 배경이다. 전작권 전환을 '적절히 가속화'하기 위해서는 연합훈련을 한국군 주도로 해보는 것이 필요했고, 2006년 8월 훈련에서 이를 검증했다.

그 결과는 9월 4일에 버웰 벨 주한미군사령관이 럼스펠드 국방장관과 피터 페이스 합참의장에게 보낸 서한에 자세히 담겼다. "주어진 위협의 성격과 준비 수준을 감안할 때, 한국군은 지금 당장이라도 독자적으로 그들의 나라를 성공적으로 방어할 수 있다." 벨은 한국군의 능력은 "기대 이상

---

24) 이에 대한 자세한 내용은 정욱식, 《핵과 인간》, (서해문집, 2018년), 410~427쪽 참조.

이었다"면서 "미국은 2009년 이내에 한국이 전시에도 자신의 군대를 독자적으로 통제할 수 있을 것이라는 점을 이해시켜야 한다"고 밝혔다. 그러자 럼스펠드는 사흘 후에 답신을 보내 "2009년에 전작권을 전환하자는 당신의 아이디어는 군사적으로 타당해 보인다"고 밝혔다.

당시 미국이 제안한 시기는 2009년이었다. 그런데 전작권 환수에 적극적이었던 노무현 정부가 난색을 표했다. '독자적인 대북억제력 확보'가 가능하다고 여긴 2012년으로 늦추자고 역제안했다. 이로 인해 빨리 가져가라는 부시 행정부와 늦추려는 노무현 정부 사이에 밀고 당기는 이상한 게임이 벌어졌다. 잘 알려지지 않은 노무현 정부의 소심함을 확인할 수 있는 대목이다. 결국 2009년 전환을 고수했던 럼스펠드가 이라크 정책 실패의 책임을 지고 사임하면서 한국의 요구대로 합의되었다. 2012년 4월 17일까지 전작권을 전환하고 한미연합사도 해체하기로 한 것이다.

한편 앞서 소개한 버웰 벨이 럼스펠드에게 보낸 편지에서는 "군사적인 판단(전작권의 조속한 전환)"은 명확하지만 "정치적으로 요란한 논란이 벌어지고 있다"며 한국의 전작권 전환 반대론자들을 설득하기 위해 "미국이 노력해야 한다"

고 강조했다. 실제로 주한미국 대사관은 한나라당(현재 국민의힘) 주요 인사들을 만나 이들의 오해(?)를 불식시키려고 했다. 그러나 전작권 환수 반대를 기치로 내걸어 보수 세력 결집하고 2007년 대선에서 이를 핵심 쟁점으로 삼기로 결심한 한나라당을 설득하기에는 역부족이었다.

당시 한나라당은 전작권 문제를 철저하게 '반(反) 노무현'의 관점에서 접근했다. 미국대사를 만나 자국의 대통령을 험담하면서 전작권 전환 반대 논리를 폈다. 특히 노무현의 의도가 전작권 환수를 통한 남북평화협정과 주한미군 철수에 있다고 주장했다. 하지만 이는 가당치 않은 것이었다. 북한은 평화협정 당사자로 미국이 반드시 포함되어야 한다는 입장이었고, 미국은 주한미군의 안정적인 주둔 여건을 만들기 위해 전작권 전환이 필요하다고 여겼기 때문이다. 그러나 2007년 12월 대선에서 한나라당의 이명박 후보가 당선되면서 한나라당의 다짐은 현실이 되고 만다.

이명박과 박근혜 정부의 경우

한나라당과 이명박 후보는 전작권 환수 연기를 대선공약으로 내걸었지만, 한국의 정권교체 이후에도 미국의 입장은 완강했다. 이에 따라 이명박 정부 출범 20개월 후인 2009년 10월에 열린 SCM(한미안보협의회의)에서도 "2012년 4월 17일 전작권 전환에 대한 양측의 의사를 재확인했다." 그런데 2010년 들어 분위기가 달라지기 시작했다. 이명박 정부가 전작권 환수 연기를 미국에 타진한 것이다. 흔히 이러한 배경과 원인을 두고 3월 26일 천안함이 침몰해 안보환경이 위태로워진 점이 지적된다. 그러나 이는 사실이 아니다.

이명박 정부 관료, 국회의원, 민간 전문가들을 두루 만난 주한미국 대사관은 2월 16일자 외교 전문을 통해 이렇게 논평했다. "강력한 친미 대통령인 이명박은 2007년 유세때 전작권 전환 연기를 공약했고 만약 그가 이러한 약속을 이행하지 못하면 그의 핵심적 지지 세력과의 관계가 악화될 것이다." 특히 미국대사관은 이명박 정부가 행정수도 이전 문제를 둘러싼 친박-친이 갈등의 무마책으로 전작권 환수 연기 카드를 꺼내 들 가능성에 주목하고 있었다. 당시 세

종시로의 행정수도 이전과 관련해 '수정안'을 제시했던 이명박 정부와 '원안'을 고수한 박근혜 한나라당 전 대표 사이에 갈등이 심상치 않게 전개되고 있었다. 이게 전작권 전환 문제와 어떤 관계에 있었을까? 미국대사관은 평가는 이랬다. "혹자는 이명박 대통령이 6월 지방선거를 위해 실망한 박근혜 지지자들을 결집하고 당 분란을 수습하기 위해 전작권 전환 연기를 요청할 것이라고 믿고 있다."[25]

실제로 이명박 정부는 바로 이 시기에 미국에 전작권 전환 연기를 타진했다. 2월 22일자 미국대사관의 외교전문에 따르면, 김성환 청와대 외교안보수석이 2월 초에 커트 캠벨 국무부 동아태 담당 차관보를 만난 자리에서 "2012년 4월로 예정된 전작권 전환 문제를 미국 정부와 협의하기를 희망한다"고 했다는 것이다. 이는 천안함 침몰보다 50일 정도 빠른 시점이었다. 안보적 고려보다는 전작권 환수 연기를 통해 행정수도 이전을 둘러싼 친이-친박 갈등을 봉합하고 보수층을 결집해 6·2 지방선거를 치르겠다는 정치적 고려가 컸던 셈이다.

---

25) https://wikileaks.org/plusd/cables/10SEOUL239_a.html

전작권 연기 논란이 불거지자 미국 상원 군사위원회위원장인 민주당의 칼 레빈 의원이 일침을 가하기도 했다. 세계 10위권의 경제력과 군사력을 갖춘 한국이 "아직도 전작권을 갖고 있지 않은 상황을 납득할 수 없다"며, 조속한 이양을 촉구하고 나선 것이다. 하지만 이명박 정부와 오바마 행정부의 물밑 거래는 빠르게 진행되었다. 그 결과 2010년 6월 26일 한미정상회담에서 2015년 12월로 연기하기로 합의되었다. 그러나 공짜는 없었다. 오바마 행정부는 이명박 정부의 요구를 수용하는 대신에 한국의 MD(미사일방어체제) 참여를 요구했다. 이로 인해 한미 간에 이지스함을 동원한 해상 MD 훈련을 실시했고, 이 훈련은 곧 일본까지 참여하는 3자 MD 해상 훈련 '퍼시픽 드래곤'으로 확대됐다. 한미동맹 차원에서는 확장억제위원회가 신설되어 그 핵심을 MD 협력으로 삼았다. 2012년 6월 이명박 정부가 국민과 국회 몰래 추진했다가 무산된 한일군사정보보호협정은 그 백미였다. 이 협정은 한미일 MD로 가기 위한 핵심 가교였기 때문이다.

2012년 12월 대선에서 승리한 박근혜 후보의 대선공약 가운데 하나는 2015년 12월에 전작권을 예정대로 환수하겠다는 것이었다. 대선 및 박근혜 정부의 출범을 전후해 북한이 장거리로켓 발사 및 3차 핵실험을 강행하고 3~4월에는 한반도 위기가 고조되면서 보수 진영 일각에선 전작권 환수 재연기를 주장했다. 하지만 박근혜 정부는 "2015년 12월을 목표로 전작권 전환을 추진하겠다"는 입장을 유지했다. 그런데 박근혜 정부는 2013년 5월 말부터 미국에 전작권 재연기를 타진하기 시작했다. 5월 28일 한미 국방장관회담에서 이런 뜻을 전달했고 10월 SCM에서는 전작권 전환 조건과 시기에 관한 실무협의를 진행하기로 했다. 이로써 전작권 전환 문제는 또다시 논란거리로 부상했다.

논란이 격화되는 가운데 월터 샤프 전 주한미군사령관이 주목할 만한 보고서를 내놨다. 2008년 6월부터 2011년 7월까지 주한미군사령관으로 재직한 샤프는 2013년 12월에 미국의 국제전략연구소(CSIS) 프로젝트의 일환으로 〈전작권 이양 보고서〉를 작성·발표했다.[26] 그의 결론은 한국군의 규모, 현대화 수준, 훈련 및 준비상태, 지휘관의 자질을 종합적으로 고려할 때, 독자적인 전작권 행사가 가능하다는 것이었다. 3년 동안 주한미군사령관으로 재직하면서 확인한

---

26) http://csis.org/files/publication/131216_OPCON_Transition_in_Korea.pdf

결과 "한국군은 많은 훈련과 세계 각지에서의 임무를 통해 전작권을 행사할 능력과 준비상태를 입증했다"는 것이다. 또 전작권이 전환되어도 "한국이 혼자서 방어해야 한다"는 것은 아니라 "한미상호방위조약은 그대로 유지될 것"이라는 점을 거듭 강조했다. '시기'가 아니라 '조건'에 기반을 둔 전작권 전환을 추진해야 한다는 주장에 대해서는 2015년 12월이라는 '시기'에는 '조건'도 담겨 있다고 반박했다. 전작권 전환이 북한을 억제하는데 덜 효과적이라면 "도대체 미국이 왜 전작권 전환에 동의했겠느냐"고도 했다.

하지만 이러한 군사적 판단은 철저하게 무시당했고, 결국 한미는 2014년 10월 SCM에서 "조건에 기초한 전작권 전환을 추진하기로 합의"했다. 그렇다면 왜 박근혜 정부는 대선 공약까지 뒤집으면서 전작권 재연기, 그것도 '시기'가 아니라 '조건'을 요구해 이를 관철한 것일까? 북한의 핵과 미사일 능력이 강해진 것도 영향을 미쳤겠지만, '박근혜식 선군정치'가 위력을 발휘했을 공산이 크다. 당시 정부의 외교·안보 라인은 육사 출신이 독식하던 때였다. 청와대 안보실장, 국방장관, 국정원장, 경호실장 모두 육사 출신으로 채워졌다. 특히 남재준 국정원장은 "전작권 환수 연기는 개인적인 소신"이라는 입장이었고 육사 선배로 외교·안보 라인의 실세로 군림했다. 또 상당수 예비역 장성들도 전작권 전환에 계속 반대했다. 이들에게는 전작권을 미국에 계속 맡겨두는 것이 육사 이기주의를 유지하는 '안락한 소파'와도 같았다. 실제로 전작권 환수 시 한국군 장성 수가 대폭 줄어들 상황이었는데 이를 연거푸 연기함으로써 장성 수에도 큰 변화가 없었다.

전작권 연기가 공짜는 아니었고 미국이 반대급부로 요구한 것은 MD였다. 2013년 10월에 열린 SCM에서는 조건에 기초한 전작권 전환을 '검토'한다면서 MD의 상호운용성은 '강화'하기로 했다. 6개월 뒤에 열린 한미정상회담에서는 이러한 주고받기가 절정에 달했다. 오바마 행정부는 "전작권 전환의 시기와 조건을 재검토"하겠다고 약속하면서 박근혜 정부로부터 "MD의 상호운용성 증대" 및 "한미일 3국 간 정보공유"를 확약 받은 것이다. 그리고 6개월 후에 열린 SCM 회의에서 사실상 마침표가 찍혔다. 전작권 전환을 사실상 무기한 연기하는 대신에 MD를 더욱 가속화하기로 한 것이다. 실제로 그 이후 한미일 정보공유 약정, 한일군사정보보호협정(지소미아), 사드 배치 결정 등이 이뤄졌다.

누구를 위한, 무엇을 위한 것인가?

이명박-박근혜 정부에 의해 좌절된 전작권 환수는 문재인 정부의 핵심적인 목표 가운데 하나이다. 문재인 정부가 전작권 전환을 남북관계 발전과 한반도 평화보다 더 중시하는 것이 아니냐는 느낌이 들 정도이다. 이러한 진단에 대해 정부는 펄쩍 뛸 것이다. 하지만 문재인 정부는 트럼프가 김정은 위원장에게 여러 차례 약속했던 한미연합훈련 중단을 흔쾌히 수용하지 않았다. 또한 '단계적 군축'을 실현하기로 했던 남북정상회담 합의와는 반대로 사상 최대 규모의 군비증강을 지속해왔다. 이것이 남북관계와 한반도 평화프로세스에 미쳐온 부정적인 영향을 고려할 때, 이러한 진단이 전혀 근거가 없다고는 할 수 없다.

그런데 임기 내, 즉 2022년 5월 이전에 전작권 환수를 매듭짓겠다는 문재인 정부의 목표가 흔들리고 있다. 전작권 전환에 필요하다는 '조건'이 움직이고 있기 때문이다. 한미가 합의한 전작권 전환 조건에는 세 가지가 있다. 한국군이 연합방위를 주도할 수 있는 능력 구비, 북한의 핵·미사일 위협에 대응할 수 있는 한국군의 초기 대응 능력, 안정적인 전작권 전환에 부합하는 한반도 및 역내 안보환경 등이 바로 그것이다.

한국군의 연합방위 주도력은 한미연합훈련을 통해 검증하기로 했다. 이러한 합의에 따라 1단계인 초기운용능력(IOC) 평가를 2019년 8월에 실시하였고, 2020년 완전운용능력(FOC) 및 2021년 완전임무수행능력(FMC) 평가가 남아 있었다. 그런데 코로나19가 심각해져 2020년 한미연합훈련이 축소되면서 완전운용능력을 검증받지 못했다. 2021년 3월 연합훈련에서도 완전운용능력 검증은 빠졌다. 8월 연합훈련 역시 도쿄올림픽 및 패럴림픽이 열릴 경우 이 시기와 겹친다. 문재인 정부 임기 내 마지막 대규모 연합훈련이 예정된 2022년 3월에는 한국 대선이 실시된다. 연합훈련을 통해 한국군의 능력을 검증하기로 했던 계획이 짙은 안개 속으로 빠져든 것이다.

문제는 또 있다. 한국군의 북핵 초기 대응 능력과 관련해서는 한국이 따라가면 북한은 달아나는 현상이 벌어지고 있다. 한반도 평화프로세스가 좌초 위기에 처하면서 북한은 핵과 미사일 능력을 꾸준히 강화하고 있다. 전작권 전환 시기의 한반도와 역내 안보환경도 우호적으로 조성될 가능성이 높지 않다. 전작권 환수 조건을 충족시킨다는 이유로 한미연합훈련과 한국의 대규모 군비증강이 지속될 경우 북한 역시 반발할 공산이 크고 그 여파는 동북아 전체로 번질 것이기 때문이다. 2부에서 자세히 다룰 북한의 새로운 전략무기 및 전술핵무기 개발 계획은 이에 대한 예고편이다.

설상가상으로 주한미군 사령부는 '연합임무필수과제목록(CMETL)'을 기존 90개 항목에서 155개로 대폭 늘렸다. 이는 로버트 에이브럼스 한미연합사령관의 요청에 따른 것으로 2020년 5월 청와대에도 보고되었다. 이와 관련해 "미군 요구로 늘어난 목록에는 달성하기 쉽지 않은 항목이 많이 담겨 있어 향후 전작권 전환 일정에 차질이 생길 수도 있다"는 우려가 나오고 있다.[27] 2020년 10월 SCM에서 "전작권이 미래연합사로 전환되기 전에 상호 합의된 조건에 기초한 전작권 전환계획에 명시된 조건들이 충분히 충족돼야 한다는 점을 확인했다"는 구절은 이러한 우려를 더욱 키워주고 있다. "시간을 정하기보다 조건이 충족되어야 한다"는 미국의 입장이 반영된 결과이기 때문이다.

---

27) 〈중앙일보〉, 2020년 8월 25일.

이 사이에 전작권은 미국에게 '꽃놀이패'가 되었다. 이명박-박근혜 정부는 당연히 가져왔어야 할 전작권을 연거푸 연기하면서 매우 신중했어야 할 MD에 발을 담그고 말았다. 이로 인해 미국 군산복합체의 숙원이 하나둘씩 풀려갔다. 문재인 정부 때에도 흡사한 일이 벌어지고 있다. 트럼프 행정부는 전작권 전환을 지렛대로 삼아 한국의 국방비 및 방위비 분담금 인상, 미국 무기와 장비 구매 등을 '노골적으로' 요구해 상당 부분 관철했다. 뒤이어 집권한 바이든 행정부는 트럼프 때 위기에 처한 동맹을 복원·강화하자며, 이를 위해서는 한국이 더 많은 비용과 역할을 맡아야 한다고 '점잖게' 요구한다. 하여 묻게 된다. 누구를 위한, 무엇을 위한 전작권 환수냐고?

전작권의 흑역사가 비춰주는 미래의 모습도 결코 밝지 않다. 전작권 환수의 취지는 자주국방 실현과 더불어 한반도 평화의 주도권을 갖겠다는 데에 있다. 그렇다면 전작권을 환수하면 자주국방이 실현되고 한반도 평화와 남북관계에 더 유리한 조건과 환경이 마련될까? 그렇지 않게 될 공산이 크다. 지금까지는 전작권을 '가져오기' 위해 대규모의 연합훈련도 실시하고 군비증강도 해왔다. 전작권을 가져온 다음에는 '잘 행사하기' 위해 연합훈련과 군비증강을 지속할 가능성이 높다. 문재인 정부가 '2021~2025년 국방중기계획'에서 300조 원이 넘는 국방비를 책정한 것도 이러한 전망을 뒷받침해준다. 이는 전작권 환수 이후에도 한반도 군비경쟁과 안보 딜레마 격화가 지속될 가능성이 높다는 것을 말해준다. 성찰 없는 관성의 힘이란 이렇게 무서운 것이다.

이제는 달라져야 한다. 조속히 미국과의 협상을 통해 그동안 여러 가지 '조건'이 충족된 만큼, 이제는 '시기'를 정해야 한다. 미국이 이에 응하지 않을 경우 전작권 환수를 통보하는 방안도 검토할 필요가 있다. 무엇보다도 전작권 전환의 최적 환경은 남북관계의 발전과 한반도 평화프로세스에 있다는 점을 유념할 필요가 있다. 대화와 협상을 통해 한반도 안보환경을 개선하는 것이야말로 대미 의존도를 줄이는 방식이 될 수 있기 때문이다. 이를 위해서는 한미연합훈련을 최소화하고 남북 정상들이 합의한 '단계적 군축'을 향해 한발 한발 나아가려는 노력이 필요하다. 그래야만 전작권 환수와 한반도 평화프로세스를 동시에 추구하면서도 이 둘을 다 놓칠 위기에 처한 문재인 정부 실패를 되풀이하지 않을 수 있다.

3. 군비증강에 관하여

나는 문재인 정부의 대북정책에 있어서 가장 큰 성과는 2018년에 체결된 9·19 군사 분야의 합의와 이행에 있다고 본다. 무력충돌 방지에 크게 기여했기 때문이다.[28] '북한의 대남침투·국지도발' 건수가 2010~2017년 264건이었던 반면에, 2018~2020년에는 1건이었던 점도 이러한 평가를 뒷받침해준다.[29] 동시에 나는 문재인 정부의 대북정책 실패의 가장 큰 원인을 과도한 군비증강에 의존하는 국방정책에 있다고 본다.[30] 모순되는 진단처럼 보이지만, 이러한 역설적인 상황을 이해하는 게 대단히 중요하다. 2019년 이후 남북관계 악화와 한반도 평화프로세스의 위기를 이해하는 데에도 필수적일 뿐만 아니라 앞으로 실패한 정책을 되풀이하지 않기 위해서도 반드시 짚고 넘어갈 문제이기 때문이다.

---

28) 이에 대한 자세한 내용은 《비핵화의 최후》 148~153쪽 참조.

29) 국방부, 《2020년 국방백서》, 2021년 1월, 319쪽.

30) 이에 대한 자세한 내용은 《한반도의 길, 왜 비핵지대인가?》 313~319쪽 참조.

비핵화에 실패해서?

혹자는 한반도 비핵화가 불분명해지고 북한의 핵 능력이 강화되고 있는 만큼 문재인 정부의 국방력 강화는 어쩔 수 없는 일 아니냐고 반문한다. 그러나 이는 '사후' 정당화의 성격이 짙다. 2018년 4월 판문점 및 9월 평양 남북정상회담에서는 비핵화와 더불어 '단계적 군축'을 추진하기로 했었다. 문재인 정부도 "김정은 위원장이 비핵화 의지를 가지고 있다"고 여러 차례 강조했다. 그런데 2018년 연말에 책정한 2019년 국방비를 전년도보다 8.2%나 올렸다. 2008년 이후 최대치였다. 특히 군비증강과 직결되는 방위력 개선비는 13.7% 증가했고, '한국형 3축 체계 구축' 사업을 '핵·대량파괴무기 대응 체계' 사업으로 이름을 바꿔 5조700억 원을 책정했다. 문재인 정부 스스로 어느 때보다 비핵화의 가능성이 높다고 하면서 사상 최대 규모로 군비증강을 단행한 것이다.

2019년 여름에도 흡사한 상황이 벌어졌다. 2월 말 하노이 2차 북미정상회담이 '노딜'로 끝나면서 어두워진 비핵화 전망은 6월 30일 판문점 남북미 정상들의 회동을 통해 되살아나는 듯했다. 문재인 정부도 이점을 강조했었다. 하지만 문재인 정부는 8월 들어 한미연합훈련을 강행한 데 이어 '2020~2024년 국방중기계획'을 통해 5년간 무려 290조 5000억 원의 국방비를 투입하겠다고 발표했다. 이 두 가지 조치는 중대 기로에 섰던 한반도 평화프로세스와 남북관계에 치명타를 입혔다. 미국 대통령이 한미연합훈련을 중단하겠다던 약속도, '단계적 군축'을 추진하기로 했던 남북 정상의 합의도 더 이상 기대할 수 없다고 판단한 북한이 비핵화에서 핵무력 강화로 방향을 이동하기 시작했기 때문이다.

이를 통해 알 수 있는 것은 문재인 정부가 비핵화가 어려워져서 대규모 군비증강을 단행한 것은 아니라는 점이다. 오히려 문재인 정부는 북한과의 '단계적 군축' 합의보다 강력한 국방력 건설을 더 중시했다. 이와 관련해 나는 2018년 4·27 판문점 정상회담 일주일 전에 국방부 고위 관료들과 만남을 가졌었다. 국방부 관료들은 필자의 눈이 휘둥그레질 정도의 군비증강 계획을 설명했다. 이에 나는 이렇게 질문했다. "일주일 후에 판문점 정상회담에서 군사문제가 중요하게 논의될 텐데, 다른 계획도 갖고 있겠죠?" 대규모 군비증강을 재검토할 계획이 있느냐고 물은 것이다. 하지만 "현재

로선 없다"는 답이 돌아왔다. 그 이후에도 나는 여러 사람으로부터 "문재인 대통령의 강력한 국방력 건설에 대한 의지가 확고하다"는 취지의 말을 들을 수 있었다.

나는 또 여러 사람으로부터 "문재인 정부가 군축을 하면 여론의 강력한 반발에 직면하지 않겠느냐"는 취지의 반론도 많이 들어왔다. 그러나 문재인 정부가 여론을 설득할 수 있는 여러 차례의 기회가 있었다. 북한의 대남 근친증오가 스멀스멀 피어오르던 2019년 7월 초에 나는 상상력을 동원해 문재인 정부가 아래와 같은 입장을 밝혀달라고 주문했었다.

2020년부터 2022년까지 3년간 국방비를 동결하겠습니다. 일각에서는 대대적인 군축을 요구하고 있지만 아직은 시기상조입니다. 우리는 대화와 신뢰를 통해 한반도의 평화를 추구하면서도 적절한 수준의 국방비 확보를 통한 튼튼한 안보에도 소홀해서는 안 됩니다. 올해 46조7000억 원에 달한 국방비를 3년 동안 동결하기로 한 것은 이러한 취지에 부합합니다. 이를 통해 단계적 군축을 추진하기로 한 남북한의 역사적 합의에 첫발을 내딛고 한반도 비핵화와 평화체제 구축에 기여하고자 합니다. 동시에 적정 수준의 군사력도 계속 보강할 수 있습니다. 무엇보다도 당초 계획과 비교할 때 3년간 약 15조 원의 국방비 절감이 가능해져 '국민을 위한 평화'에 사용할 수 있을 것입니다.[31]

2020년에는 한국의 군사력이 세계 6위로 올라선 해였다. 동시에 남북관계 악화와 한반도 평화프로세스의 좌초 위기도 분명해지고 있었다. 무엇보다도 코로나19와 이로 인한 민생경제가 1990년대 후반 IMF 위기에 버금가는 수준까지 악화되고 있었다. 나는 이들 세 가지 현상에 주목해 문재인 정부를 향해 아래와 같은 호소문을 작성한 바 있다.

대통령께서도 말씀하신 인간안보를 진정으로 실현하는 길에 대해서 한 말씀 드리고자 합니다. 일찍이 정도전 선생은 먹을 것이 부족할 때에는 백성부터 먹이고 그다음 사병을 먹게 하며 장수는 마지막에 먹는 것이 군통수

---

31) 정욱식, '국방비 동결이라는 상상력', 〈한겨레21〉, 2019년 7월 8일.

권자의 리더십이라고 말씀하셨습니다. 코로나19 사태로 인해 민생이 벼랑 끝으로 내몰리고 있는 현실을 보면서 정도전 선생의 이 말씀을 절실하게 떠올려 봅니다. 하늘 높은 줄 모르고 치솟아온 국방비를 줄인다면 도탄에 빠진 사람들을 구하는 데에 크게 기여할 수 있을 것이기 때문입니다.[32]

2018년과 2019년 상반기는 문재인 지지율이 70~80%에 달할 때였다. 문재인 정부의 남북관계 개선과 한반도 평화 프로세스에 대한 국민의 지지와 기대가 주된 배경이었다. 만약 이때 국방비 동결을 선택했다면? 또 2020년부터는 코로나19와 민생 위기가 지속되어왔다. 국민의힘 김종인 위원장조차도 대통령이 긴급 재정명령을 행사해서라도 100조 원의 민생 구제 재원을 마련해야 한다고 촉구했었다. 만약 이때 정부가 국방비 동결이나 삭감을 추진했다면? 이런 일은 없었기에 여론이 어떻게 반응했을지는 알 수 없다. 다만 정부 안팎에 있는 사람들이 여론을 탓하기에 앞서 여론을

32) 정욱식, '세계 6위 군사강국 문재인 대통령께 드리는 호소문', 〈프레시안〉, 2020년 6월 30일.

설득하기 위해 얼마나 진지한 노력을 했는지에 대해서는 자성이 필요하다.

기이한 현상들

한국의 군비증강을 바라보면 여러 가지 주목할 만한 현상을 발견할 수 있다. 먼저 보수정권보다 진보정권이 국방비 증액에 더 적극적이었다는 점이다. 노무현 정부의 국방비 연평균 증액률은 8.9%였던 데에 비해, 이명박 정부는 6.1%, 박근혜 정부는 4.1%였다. 문재인 정부의 증가율은 7% 초반 대로 예상되는데 이 역시 이명박-박근혜 정부보다 훨씬 높다. 총액을 놓고 보더라도 이명박-박근혜 정부 9년간 총 국방비는 약 309조 원이었는데, 2022년 국방비를 55조 원으로 추정하면 문재인 정부 5년간 국방비는 약 248조 원에 달한다. 진보정부로 불리는 노무현-문재인 정부의 국방비 지출이 압도적으로 많다는 것을 확인할 수 있는 대목이다.

이런 현상을 어떻게 이해할 수 있을까? 박찬수 〈한겨레〉 논설위원은 "'진보정부에서는 안보가 불안하다'는 보수의 공세에 대응해야 한다는, 그래야 선거에서 이길 수 있다는 오랜 트라우마가 깔려 있는 듯 싶다"고 진단한다. 이와 관련해 2017년 대선후보 토론에서는 흥미로운 장면이 연출됐다. 유승민 후보가 "내가 국회 국방위원장일 때 누구보다 국방예산을 많이 투입했다"고 하자 문재인 후보는 "이명박·박근혜 정부보다 노무현 정부 때 국방비 증가율이 더 높다"고 반박한 것이다.[33] 그리고 문재인은 GDP 대비 2.9%로 국방비를 올리겠다는 공약을 제시했다. 2022년 대선에서도 유사한 장면이 예상된다. 보수 야당의 후보는 "문재인 정부 때 안보가 무너졌다"고 안보 공세를 펼 것이고, 여당 후보는 "문재인 정부가 국방비를 크게 늘려 세계 6위의 군사대국으로 만들었다"는 식으로 반박할 것이다.

이러한 정치적 성격과 더불어 안보를 바라보는 보수와 진보의 철학 차이도 살펴볼 필요가 있다. 한국의 보수는 자주와 주권보다는 한미동맹을 신성시한다. 그리고 안보는 미국에 의존해야 한다는 심리가 대단히 강하다. 앞글에서 다룬 것처럼 보수가 전작권 환수에 체질적인 거부감을 가진 것

---

33) 박찬수, '진보 정부에서 국방비가 더 늘어나는 까닭', 〈한겨레〉, 2020년 8월 13일.

도 이런 맥락에서 이해할 수 있다. 이에 반해 한국의 진보, 혹은 중도는 한미동맹도 중시하지만 자주와 주권도 중시한다. 그리고 안보는 한미동맹과 더불어 자주국방을 통해 실현해야 한다는 심리가 강하다. 노무현 정부와 문재인 정부가 전작권 환수를 추진한 것도 이러한 맥락에서 이해할 수 있다. 그리고 이를 위해 대규모의 국방비 지출은 필수적이라고 여긴다.

두 번째 주목할 현상은 군비증강에 대한 '남남일치'이다. 한국 정치와 사회에서 대북정책을 둘러싼 '남남갈등'은 가장 큰 병폐 가운데 하나다. 실제로 김대중 정부 이후 대북정책을 둘러싼 극심한 갈등이 지속돼왔다. 대북지원과 남북경제협력을 '퍼주기'로 비난해온 보수의 공세가 대표적이다. 근래에도 대북정책을 둘러싼 남남갈등은 어김없이 벌어지고 있다. 여당인 더불어민주당이 대북전단 살포를 금지하는 법을 제정하자 보수가 '김여정 하명법'이라고 공격했다. 또 보수진영은 한반도 비핵화 달성을 전제로 산업자원부의 공무원이 북한 원전 건설 방안을 검토한 것을 두고 '이적행위'니 '경천동지'니 하면서 터무니없는 정치공세를 펴기도 했다.

그런데 이러한 남남갈등에서 군비증강은 예외이다. 예외

정도가 아니라 보수와 진보가 거의 일치하고 있다고 해도 과언이 아니다. 대북정책과 국방정책을 따로 보는 경향이 강하지만, 국방정책은 대북정책에 있어서 가장 중요한 분야이다. 대북정책의 목표가 남북관계의 발전, 한반도 비핵화와 평화체제 구축, 평화적 통일 실현, 한반도 주민의 삶의 질 향상에 있다면, 이들 모두를 관통하는 핵심적인 분야가 바로 국방정책이기 때문이다. 그런데도 문재인 정부의 역대급 군비증강에 대한 비판적인 목소리는 거의 찾아볼 수 없다. 강력한 군사력을 신봉하는 보수가 이를 문제 삼는 것은 어색하다. 그렇다고 진보를 자처하는 민주당이 시정하려는 노력을 해온 것도 아니다. 여당이라는 위치도 있지만, 한술 더 뜬다. 2020년 총선에서 '세계의 5위의 군사대국 실현'을 공약으로 내세울 정도로 말이다.

이 두 가지 현상, 즉 선거 승리를 위해 보수와 진보가 경쟁적으로 국방비를 늘리겠다고 하고, 군비증강에 대해 이구동성으로 찬양하는 모습은 매우 씁쓸한 결과로 이어지고 있다. 그것은 바로 군비증강에 대한 '거대한 침묵'이다. 보수와 진보를 떠나 한정된 자원을 어떻게 분배하느냐는 국정 운영의 기본에 해당한다. '총과 밥'의 논쟁이 대표적이다. 쿠

데타로 집권해 경제발전을 정통성의 원천으로 삼고자 했던 박정희는 국방비를 늘리라는 미국 정부와 설전을 벌이기도 했다. 평생을 색깔론에 시달렸던 김대중은 IMF 외환위기 극복을 위해 1999년에 국방비를 삭감했다.

지속적으로 악화해온 사회경제적 양극화와 더불어 코로나19 위기까지 덮치면서 오늘날 많은 한국인은 생존의 벼랑 끝에서 신음하고 있다. "IMF 때보다 더 힘들다"는 얘기도 여기저기에서 들린다. 1990년대 말 한국의 국방비는 현재의 4분의 1 수준이었지만, 국방비를 줄여서 경제발전과 민생·복지에 사용해야 한다는 논의가 있었다. 하지만 어느덧 이러한 생산적인 논의는 실종되었고 거대한 침묵 속에 국방비는 하늘 높은 줄 모르고 치솟고 있다.

한국이 군사대국을 향한 초당적·국민적 열망에 휩싸여 있는 사이에 남북한 사이에도 다투면서 닮아가는 기이한 현상이 벌어지고 있다. 2018년 남북 정상이 의기투합했던 정신은 강력한 군사력에 의한 평화보다는 비핵화와 단계적 군축, 그리고 평화체제 구축을 통한 평화였다. 이랬던 문재인과 김정은이 이때와는 정반대의 발언을 하면서 닮아가고 있다. 북미협상이 결렬되면서 김정은은 핵무력 강화를 통해

"누구도 넘볼 수 없는 나라가 되었다"고 즐겨 말한다. 그런데 남한의 국방비가 50조 원을 넘어선 2020년부터 문재인 역시 "이제 누구도 넘볼 수 없는 강한 국방력을 갖춰 나가고 있다"고 강조하고 있다.

주변국 위협은?

문재인 정부의 대규모 군비증강을 비판하면 듣게 되는 얘기들이 있다. 그중 하나는 "사병들의 급여 인상 때문에 국방비가 늘어나는 것이 아니냐"는 것이다. 하지만 이는 정부와 언론이 유도한 착시 현상이다. 2020년 국방비 가운데 사병 33만 명 전체 인건비는 약 2조2000억 원이다. 전체 병력에서 사병이 차지하는 비율이 62%인데 인건비는 17%에 불과했다.[34] 국방비 증액분에서 사병 급여 인상이 차지하는 비중이 극히 미미하다는 것을 알 수 있다. 그런데도 착시 현상이 일어나는 이유는 정부가 사병 봉급 인상을 대대적으로 홍

---

34) 이에 반해 약 7만 명의 장교 전체 인건비는 약 4조5000억 원으로 전체 인건비의 35%에 달한다.

보해왔기 때문이다.

또 하나의 얘기는 "주변국의 위협 대처를 위해 국방비 증액이 필요하다"는 것이다. 실제로 최근 국내에서는 북한위협론뿐만 아니라 중국·러시아·일본 등 주변국위협론도 맹위를 떨치고 있다. 한국이 세계 6위의 군사강국으로 올라섰다고 하지만, 러시아(2위), 중국(3위), 일본(5위)은 더 강하기 때문에 군비증강을 늦춰져서는 안 된다는 것이다. 이러한 주변국위협론에는 구한말과 일제의 식민지배로 대표되는 쓰라린 역사적 경험이 똬리를 틀고 있다. 불행한 역사를 되풀이하지 않기 위해서는 "누구도 넘볼 수 없는 강력한 국방력을 건설해야 한다"는 것이다.

그러나 우리가 역사에 대한 과도한 피해의식에 휩싸여 달라진 현실을 제대로 보지 못하고, 주변국의 군사적 능력을 '위협'으로 쉽게 단정하는 것은 아닌지 반문해볼 필요가 있다. 동시에 경제력 세계 10위, 군사력 세계 6위에 올라선 한국이 여전히 '약소국 콤플렉스'에 갇혀 있는 것은 아닌지 반문해볼 필요도 있다. 이러한 성찰적 자세는 우리 자신을 위해서 필요하다. 이와 관련해 '망진자(亡秦者)는 호야(胡也)'

라는 중국 고사의 교훈을 떠올려볼 필요가 있다.[35] 외부의 위협 대비에 치중한 나머지 내부의 모순을 방치한 결과 망국의 길로 접어들었다는 교훈을 주기 때문이다. 물론 우리나라가 이 정도는 아닐 것이다. 하지만 하늘 높을 줄 모르고 치솟는 국방비와 하늘이 무너진 것 같은 절망 속에 사는 사람들의 고통을 대비해서 바라볼 필요는 있다. 지피지기(知彼知己)의 관점에서 주변국위협론을 제대로 따져봐야 할 이유이다.

'누구도 넘볼 수 없는'이라는 표현은 주변국이 호시탐탐 우리나라를 노리고 있다는 인식을 심어주기 쉽다. 일본의 독도 분쟁 지역화 시도 및 중국과 러시아의 한국방공식별구역 진입 등은 이러한 인식을 부채질해준다. 하지만 일본의 행태에 대해 군사적으로 대응하는 것은 일본이 노리는 독도 분쟁 지역화 시도에 말려들 소지를 품고 있다. 또 일본이 우리보다 군사력이 훨씬 강할 때에도 독도에 대한 군사적 도발은 거의 없었고, 오늘날 한국은 강력한 대일 억제력을

---

35) 이 고사는 진시황이 진나라를 망하게 할 자는 '호'(오랑캐)라는 예언을 듣고 변방을 막기 위해 만리장성을 쌓았지만, 진나라를 망하게 한 것은 오랑캐가 아니라 그의 자식인 '호해'였다는 것을 뜻한다.

구비해 놓고 있다. 중국과 러시아의 방공식별구역 진입도 신중하게 바라볼 필요가 있다. 우선 방공식별구역 자체가 '영공'이 아니라 일방적으로 선포한 것이기에 외교적 해법에 중점을 둬야 한다. 또 이들 나라의 방공식별구역 진입은 한미·미일 동맹 강화 및 한미일 군사협력 강화에 따른 맞대응 성격도 강하다.

한국 내에서 만연하고 있는 일본위협론의 실체도 좀 더 깊이 들여다볼 필요가 있다. 최근 한일관계가 악화되었지만, 이는 역사·경제·외교적 문제에서 비롯된 것으로 군사적 갈등과는 거리가 멀다. 더구나 한국과 일본은 미국의 동맹국이고 미국은 한미일 군사협력을 추구하고 있기에 일본이 한국을 상대로 군사 도발을 일으킨다는 것은 상상하기 어렵다. 일본 우익이 평화헌법을 바꿔 '전쟁할 수 있는 나라'로의 탈바꿈을 시도해왔지만, 일본 국민 대다수가 이에 반대하고 있다는 점을 인식하는 것도 중요하다. 분쟁 해결 수단으로 무력 사용을 금지한 평화헌법 및 관련 하위법 규정은 현재에도 미래에도 상당히 강할 것이라는 점을 유념해야 한다는 것이다.

지난 20년간 한국의 급격한 군비증강의 결과로 일본과

의 군사력 수준도 대등해졌다. 우리는 흔히 일본이 갖고 있는 무기에 주목하면서 우리도 가져야 한다고 생각한다. 이지스함, F-35, 경항공모함 등이 대표적이다. 반면 우리는 있고 일본은 없거나 부족한 군사적 능력은 간과한다. 일본은 지상을 공격할 수 있는 지대지·공대지·함대지 미사일을 거의 갖고 있지 않은 반면에 한국은 수천 개를 보유하고 있다. 병력 수는 한국이 일본의 2배 이상이고 한국군의 숙련도도 일본 자위대보다 높다. 아울러 임진왜란이나 구한말 때처럼 일본이 은밀히 침략을 준비하는 것 자체가 불가능해졌다. 일본의 군사적 움직임을 포착할 수 있는 한국의 정보 능력은 비약적으로 커진 반면에, 일본의 군사적 투명성은 군국주의 시대와는 비교할 수 없을 정도로 높아졌기 때문이다.

중국위협론은 어떨까? 중국은 1990년 이래 세계에서 가장 빠른 속도로 군사비를 증액해, 미국에 이어 세계 2위의 군비지출 국가로 올라섰다. 이를 곧바로 우리에 대한 위협으로 간주하는 데에는 신중해질 필요가 있다. 우선 중국은 비핵국가에 대해서는 핵무기 사용 및 사용 위협을 하지 않겠다는 '소극적 안전보장'과 핵보유국을 상대로도 먼저 핵무기를 사용하지 않겠다는 '핵 선제 불사용(No First Use)'을 공식화해온 국가이다. 또 중국의 군사 현대화는 주로 남중국해 및 동중국해의 영유권 분쟁, 대만 독립 저지, 유사시 미국 개입 차단, 군인 처우개선 등을 목적으로 이뤄지고 있다. 우리에 대한 직접적인 군사위협으로 보기는 어렵다는 것이다. 홍콩 사태 및 대만 문제에서도 확인할 수 있듯이 중국은 '하나의 중국'을 지키는 것조차 버거워하고 있다. 이런 중국이 한국에 대해 영토적 야심을 갖는다는 것은 결코 합리적인 가정이 아니다.

위협 인식에서 중요한 것은 상대방과의 관계이다. 세계 최강인 미국으로부터 우리가 군사적 위협을 느끼지 않는 이유는 미국의 군사력이 약해서가 아니라 미국과 친하기 때문이다. 미국보다는 덜 하지만, 그리고 일부 갈등 요인도 있지만 중국과 일본 역시 우리의 소중한 이웃 국가들이다. 한국과의 '양자관계'를 고려할 때, 이들 나라가 한국에 직접적인 군사 공격을 가할 동기와 목표 자체가 거의 없다고 할 수 있다.

그래도 유비무환의 정신으로 이들 나라의 위협에 대비해야 한다고 생각할 수 있다. 그런데 한국은 이러한 정신으로 막대한 군비증강을 해왔다. 2000년에 일본 대비 3분의 1 수준이었던 군사비가 최근에는 거의 대등해진 것이 이를 잘 보여준다. 이에 따라 이제는 과유불급의 우를 범하지 말아야 한다. 과도한 국방비 증가는 크게 세 가지 우환을 가져올 수 있다. 첫째는 경제와 민생에 사용되어야 할 소중한 자원의 낭비다. 둘째는 남북관계와 한반도 정세 악화이다. 셋째는 주변국과의 잠재적 갈등은 높이면서 미중 충돌에 한국이 연루될 위험을 키울 수 있다는 것이다.

이들 세 가지 우환 가운데 가장 경계해야 할 문제는 연루의 위험이다. 이는 주변국의 군사적 위협보다 훨씬 현실적인 문제이다. 미국과 중국 사이의 무력충돌 위험이 높아지거나 실제로 발생하면 한국이 이에 연루될 위험도 높아지기 때문이다. 중국과의 충돌 발생 시 미국은 한국의 지원을 요구할 가능성이 높고 만약 한국이 이를 수용한다면 중국의 보복에 직면하게 된다. 일각에서는 이러한 가능성에 대비해 군비증강에 박차를 가해야 한다고 주장한다. 그러나 미중 충돌에 발을 담그기보다는 아예 발을 담그지 않겠다고 해야 최악의 시나리오를 예방할 수 있다. 강대국들에게는 제한전이 되겠지만, 연루된 한국에게는 전면전이 될 수도 있다는 것이 역사의 핵심적인 교훈이기 때문이다.

성찰의 지점은 또 있다. 한국이 주변국 위협에 대비한다는 이유로 대규모 군비증강을 계속하면 남북관계 회복과 한반도 평화프로세스 진전은 더더욱 어려워진다. 이는 부지불식간에 주변국에게 남북한을 상대로 하는 '이이제이(以夷制夷)'와 '분할 통치(divide and rule)'의 근거를 스스로 제공하는 것과 마찬가지이다. 우리가 주변국을 잠재적인 위협으로 간주할수록, 남북관계의 '구심력'은 약해지고 남북한, 한미동맹 대 북중동맹, 한미일 대 북중러 사이의 '원심력'은 강해진다. 이렇게 될수록 주변국과의 새로운 관계 설정을 위한 최고의 잠재력인 한반도의 지리경제적 위상과 평화적 통일을 실현할 수 있는 길도 멀어진다. 우리가 '지정학의 감옥'에서 '지경학의 허브'로 대전환을 모색하기 위해서라도 군비증강에 의존하는 국방정책을 재검토해야 한다.

4. 종전선언과 비핵화에 관하여

2018년 한반도 평화프로세스가 시작된 이래 지금까지 문재인 정부가 가장 많이 사용한 단어 가운데 하나는 '종전선언'이다. 이는 문재인 정부의 평화정책과 전략의 상징처럼 거론되어왔다. 문재인 대통령이 2018년 3월에 종전선언의 필요성을 제기한 이래 정의용 외교부장관이 2021년 2월 인사청문회에서 종전선언의 필요성을 거듭 강조한 것에 이르기까지 말이다. 그러나 아직까지 종전선언은 이뤄지지 않았고 문재인 정부 임기 내에 실현될 가능성도 극히 낮아 보인다. 이와 관련해 나는 앞선 책들에서 미국의 강경파들이 어떤 의도를 가지고 종전선언을 무산시켰는지를 자세히 다뤘다.[36]

이에 따라 비판의 초점을 종전선언 제안 주체인 한국에 맞춰보려 한다. 이와 관련해서 두 가지 문제를 성찰적으로 살펴볼 필요가 있다. 하나는 종전선언의 실효성이다. 과연 문재인 정부가 밝혀온 것처럼 종전선언이 한반도 비핵화와

---

36) 이에 대해서는 《비핵화의 최후》 30~46쪽과 《한반도의 길, 왜 비핵지대인가?》 110~112쪽 참조.

평화체제를 추구하는 데 있어서 큰 기여를 할 수 있느냐는 것이다. 또 하나는 진영 논리이다. 문재인 정부와 더불어민주당의 '과도한 집착'과 국민의힘을 비롯한 보수 진영의 '체질적인 거부감'이 바로 그것이다.

어색한 동거와 진영 논리

문재인 정부의 설명에 따르면, 종전선언은 '정치적 선언'이다. "종전선언은 법적 구속력 없는 정치적 선언으로, 주한미군·유엔사 지위에 영향을 미치지 않는다"는 것이다. 이에 따르면 종전선언을 해도 정전협정은 남게 되어 '정치적으로는 종전인데, 법적으로는 정전 상태'가 유지된다. 한마디로 '어색한 동거'가 연출되는 셈이다. 또 종전선언이 남북미, 혹은 남북미중이 "한국전쟁은 끝났다"라고 선언하는 것인지, "한국전쟁을 끝내자"라고 선언하는 것인지도 명확하지 않다. 전자라면 '어색한 동거'의 심각성은 더해지고 후자라면 이미 이 취지의 선언은 여러 차례 있었다.

　종전선언의 취지는 청와대 안보실장을 거쳐 외교부장관

으로 기용된 정의용의 설명에 잘 담겨 있다. 그는 2021년 2월 국회에서 종전선언이 "북한이 우려하는 안전보장 문제가 상당 부분 해소될 수 있기 때문에 비핵화 협상에 도움 줄 수 있다는 게 정부의 판단"이라고 말했다. 이러한 판단이 실효가 있으려면 종전선언의 위상과 내용이 중요해진다. 즉, 종전선언에 실질적인 내용물이 많아질수록 비핵화와의 결합도도 높아진다.

그런데 종전선언에서 알맹이를 거의 찾아볼 수 없다. 주한미군은 차치하더라도 유엔사의 위상에도 변화가 없다고 한다. 이는 이런 질문으로 연결된다. "종전선언이 없을 때에도 유엔사 해체를 주장해온 북한이 유엔사의 변화가 없는 종전선언을 받아들이겠는가?" 또 문재인 정부는 한편으로는 종전선언의 필요성을 역설하면서 다른 한편으로는 한미연합훈련과 대규모 군비증강도 계속 하겠다는 입장이다. 한마디로 강력한 대북 군사태세를 유지하겠다는 것이다. 이는 북한의 안보 우려를 해소하는 데에 거의 효과가 없다. 오히려 유의미한 국방정책의 변화가 없는 종전선언은 갈등을 키울 소지가 더 크다.

이는 종전선언이 비핵화에 기여할 것이라는 문재인 정부

의 주장에 상당한 무리가 따른다는 것을 의미한다. 종전선언을 '북한의 비핵화'의 상응조치 가운데 하나로 인식하게 되면, 북한에 "종전선언을 했으니 비핵화를 하라"는 요구가 커질 것이다. 그러나 북한이 이에 호응해 비핵화에 성의를 보일 가능성은 아예 없다. 북한이 자신의 안보 우려를 해소하는 데에 거의 효과가 없는 '정치적 선언'에 고무돼 '핵 억제력'을 내려놓는 결단을 할 리는 만무하기 때문이다. 실제로 북한은 2018년 9월 이후 종전선언에 대한 흥미를 잃어버렸다.

종전선언을 둘러싼 진영 논리의 문제점도 짚어볼 필요가 있다. 여당인 민주당은 종전선언 국회 결의를 추진하는 등 적극적인 모습을 보여 왔다. 2020년 10월 북한의 열병식 직후에 송영길 의원은 "종전선언은 ICBM(대륙간탄도미사일), SLBM(잠수함발사탄도미사일) 등 북한의 추가 도발을 막기 위한 가장 적극적인 조치로서 의미가 있다"면서 "종전선언은 비핵화로 가기 위한 입구"라고 주장했다. 같은 당의 윤건영 의원도 "북한의 무기를 한반도에서 영원히 제거하기 위해서라도, 다시금 남과 북이 상호협력을 도모하기 위해서라도 종전선언은 지금 꼭 필요하다"고 강조했다.

그러나 이는 과도한 의미 부여이다. 한반도 평화협정 체결에 앞서 종전부터 선언함으로써 평화와 비핵화 프로세스를 본격화해보자는 취지를 모르는 바는 아니다. 하지만 알맹이 없는 정치적 선언의 문제점은 위에서도 지적한 바 있다. 바로 이 지점에서 민주당의 한계를 발견할 수 있다. 민주당의 주장처럼 종전선언이 '비핵화의 입구'이자 '진짜 평화에 대한 약속'이 되려면 실질적인 조치가 반드시 포함되어야 한다. 3월과 8월 대규모 한미연합훈련 취소와 대규모 군비증강 조정이 바로 그것들이다. 하지만 민주당은 2020년 총선에서 "세계 5위의 군사강국 실현"을 공약으로 내세웠고 연합훈련 중단을 촉구하는 목소리는 소수에 그쳤다.

야당인 국민의힘의 터무니없는 피해망상도 짚어볼 필요가 있다. 2020년 10월 김종인 비상대책위원장은 종전선언에 대해 "대한민국에 종말을 불러올 수밖에 없는 행위이고 반헌법적 행태"라며 극단적인 표현까지 동원했다. 주호영 원내대표도 "종전선언 하자면서 한미동맹을 약화시키고 있다"고 주장했다. 종전선언 → 주한미군 철수 → 한반도 공산화라는 3단 논법 틀에 갇혀 있다는 것을 보여준다.

하지만 북한이 주한미군 철수 요구를 거둬들인 지는 이미 오래되었다. 또 국민의힘은 북한의 위협 앞에 한국이 무방비 상태에 있는 것처럼 말하지만, 적어도 군사력 건설에 있어서는 문재인 정부가 이명박-박근혜 정부를 압도해왔다. 문재인 정부 출범 당시 세계 12위로 평가되었던 군사력이 2021년에는 6위로 껑충 뛰어오른 것에서도 이를 잘 알 수 있다. 이처럼 종전선언에 대한 국민의힘의 반대는 '맹목'이다.

이에 반해 정부 여당의 종전선언 추진은 '공허'하다. 이제는 종전선언에 집착하지 말고 다른 대안도 검토하면서 이를 비핵화와의 선순환을 도모할 수 있는 방안을 찾아야 한다. 그것은 바로 법적 구속력을 갖춘 종전과 비핵화 방안을 찾아내 둘을 유기적으로 연계시키는 것이다. 법적인 종전은 정전협정을 평화협정으로 대체하면 가능해진다. 그런데 평화협정 협상 개시부터 타결에 이르기까지 상당한 진통과 시간이 걸릴 수밖에 없다. 비핵화와 연계되기에 더욱 그러하다. 그래서 현시점에서 필요한 것은 1953년 정전협정 체결 이래 한 번도 없었던 한반도 평화협정 협상 개시 선언이다.

평화협정 협상 개시 선언은 내용적으로 종전선언의 취지를 품으면서도 종전선언이 잉태하고 있는 '정치적 종전과 법적인 정전 사이의 어색한 동거'를 피할 수 있다. 평화협정 체결 때까지는 정전협정이 유지될 것이기 때문이다. 게다가 북한이 과거에 평화협정 협상이 비핵화에 추동력을 부여할 수 있다고 밝혔던 만큼, 평화협정 협상 개시는 비핵화의 문을 여는 데에도 기여할 수 있다. 문재인 정부 및 바이든 행정부, 그리고 한국의 차기 정부가 반드시 유념해야 할 대목이다.

비핵화 협상 중재력 부족

2018년 한반도 평화프로세스는 김정은이 문재인 정부 특사단에게 비핵화 의사를 전달하고, 문재인 정부가 이를 대내외에 공표하면서 본격화되었다. 이를 믿을 수 없었던 마이크 폼페이오 미국 국무장관은 2018년 4월 초 평양을 방문한 자리에서 김정은에게 이렇게 물었다.

"한국 측으로부터 북한이 비핵화할 의사가 있다고 들었는데 사실입니까?"

김정은은 이렇게 답했다.

"나는 아버지입니다. 내 아이들이 남은 삶 동안 그들의 등에 핵무기를 짊어지길 바라지 않습니다."[37]

하지만 비핵화는 이뤄지지 않고 있다. 김정은이 애초부터 핵을 포기할 생각이 없었는지, 아니면 여건이 마련되지 않아 포기하지 않는 것인지는 알 수 없다. 다만 이 대목에서도 실패로부터의 교훈을 찾기 위해서 문재인 정부의 한계를 짚고 넘어갈 필요가 있다. 세 가지 문제를 짚어보자.

먼저 '한반도 비핵화'를 '북한의 비핵화'로 축소해서 인식하고 표현해온 문제점이다. 아마도 문재인이 김정은의 비핵화 의지에 대해 확신을 갖게 된 때는 2018년 9월 19일 평양 능라도 경기장 연설이었을 것이다. 문재인이 "백두에서 한라까지 아름다운 우리 강산을 영구히 핵무기와 핵 위협이 없는 평화의 터전으로 만들어 후손들에게 물려주자고 김정은 위원장과 확약했다"라고 천명하자 15만 명의 평양 시민들은 열렬한 박수와 환호로 화답한 것이다. 그러나 남한은 이 의미를 제대로 포착하지 못했다.

'핵무기와 핵 위협이 없는 평화의 터전'을 만들자는 문재인의 말에 북한 주민들이 그토록 열렬히 환영한 데에는 북

---

37) Bob Woodward, p. 99.

핵 해결뿐만 아니라 미국의 대북 핵 위협 해소도 포함되어야 한다는 염원이 깔려 있었다. 2010년 한 매체는 이렇게 보도했었다. "1950년대부터 오바마 행정부에 이르기까지, 미국은 반복적으로 북한에 대해 핵무기 사용을 고려해왔고, 계획해왔으며, 위협해왔다. (중략) 북한은 이러한 기본적인 문제가 해결되지 않는 한, 핵무기를 포기하지 않을 것이다."[38] 이렇게 보도한 매체는 북한의 〈조선중앙통신〉이 아니라 미국의 〈AP〉 통신이었다. 그러나 문재인 정부는 물론이고 우리 사회에서는 거의 '북한의 비핵화'에만 초점을 맞추고 말았다.

역대 모든 문서에서 북한을 포함한 당사자들이 합의한 표현은 '한반도 비핵화'이다. 그런데 2017년 5월 정부 출범 이래 문재인 대통령부터 고위 관료들이 최근까지도 '북한의 비핵화'라는 표현을 습관적으로 사용하고 있다. 대화와 협상을 통해 비핵화를 추진하려면 협상 당사자 사이의 공감대 형성은 필수적이다. 이는 거꾸로 '북한의 비핵화'와 같이 일방적인 성격이 강한 표현을 사용할수록 공감대 형성과는

---

38) The Associated Press, October 10, 2010.

거리가 멀어진다는 것을 의미한다.

　이와 관련해 2021년 3월 중순에 열린 한미 외교·국방장관 회담에서는 주목할 만한 일이 벌어졌다. 과거 한미공동성명에 빠짐없이 담겼던 '비핵화'가 이번에는 빠진 것이다. 그 내막은 이렇다. 바이든 행정부는 '북한의 비핵화'라는 표현을 넣기를 원했던 반면에, 문재인 정부는 '한반도 비핵화'라는 표현을 선호했다. 합의 도달에 실패하면서 '비핵화'를 아예 빼기로 한 것이다. 이에 대해 보수언론은 문재인 정부를 맹비난했지만, 뒤늦게나마 문재인 정부가 비핵화에 대해 균형적인 인식을 갖게 된 것은 다행스러운 것이다. 북핵 문제는 반드시 해결되어야 하지만 북핵 문제만 해결한다는 것은 불가능하기 때문이다.

　둘째는 영변 핵시설 폐기에 대한 과도한 의미 부여이다. 이와 관련해 정의용은 2021년 2월 국회에서 "김정은 위원장에게 비핵화 의지가 있다고 보느냐"는 질문에 "김 위원장이 저한테도 말했고 대통령한테 더 확실하게 말했다"면서 영변 핵시설을 개방할 테니 "들어와서 다 봐라"고 밝혔다고 답했다. 김정은의 영변 핵시설 폐기 의사를 비핵화 의지의 시금석으로 판단한 것이다. 이는 2018년 9월 남북정상회담에서 북한이 미국의 상응조치를 전제로 "영변 핵시설의 영구적 폐기와 같은 추가적인 조치를 계속 취해나갈 용의가 있음을 표명"한 것과 연결된다. 그 이후 문재인 정부 안팎에서는 '영변 핵시설이 북한 핵 능력의 70~80%를 차지하고 영변 핵시설 폐기는 불가역적인 비핵화 조치'라는 말이 나왔었다.

그러나 이는 과도한 것이었다. 북한은 당시 핵무기 및 무기화가 가능한 핵물질을 포함하면 60개 안팎의 핵무기를 보유한 것으로 평가되고 있었다. 이에 따라 매년 5~6개 분량의 핵물질을 생산할 수 있는 영변 핵시설이 북핵 능력의 70~80%를 차지한다는 것은 지나친 것이었다. 또 영변 핵시설이 폐기되더라도 비핵화의 핵심인 핵무기와 핵물질은 남아 있기 때문에 불가역적인 단계로 접어들었다고 보기도 어렵다. 북한의 핵 능력이 이미 고도화되어 영변 핵시설의 상대적 가치가 떨어졌는데, 영변 핵시설이 북핵 능력의 대부분을 차지했던 과거의 눈으로 사안을 바라본 셈이다.

이는 다음 문제로도 연결된다. 영변 핵시설 폐기가 불가역적인 비핵화로 이어지기 위해서는 비핵화의 정의와 최종 상태에 대한 합의가 매우 중요했다. 이는 앞서 언급한 비핵

화의 또 다른 축인 미국의 대북 핵 위협 해소 방안 찾기와
도 연결된다. 그런데 2018년 6월 싱가포르 북미정상회담 이
후 북미 간의 비핵화의 정의와 목표를 둘러싼 동상이몽이
커져만 갔다. 이를 조율해서 창의적 해법을 내놓았어야 할
문재인 정부는 북미가 말하는 비핵화는 '같다'는 말만 되풀
이했다. 특히 남북정상회담에서는 '핵무기와 핵 위협이 없는
한반도'에 합의해놓고 한미회담에서는 미국이 주장해온 '완
전하고 검증 가능하며 불가역적인 비핵화(CVID)'나 '최종적
이고 완전히 검증되는 비핵화(FFVD)'에 동의하는 모습을 보
였다.

문재인 정부는 2021년에 들어와서도 "김정은이 비핵화
의지를 갖고 있다"고 말하고 있다. 하지만 김정은이 1월 당
대회에서 핵무력 강화 방침을 밝힌 것을 떠올려보면 그리
힘이 실리지 않는 주장이다.

더 중요한 문제도 있다. "김정은에게 비핵화 의지가 있다"
는 말은 평론가에게나 어울릴 법한 화법이다. 책임성을 수
반하는 정책결정자의 화법은 달라야 한다. 국내외를 향해서
는 "김정은의 비핵화 의지를 되살릴 수 있도록 노력하겠다"
는 표현이, 미국 등 대북정책 공조 대상을 향해서는 "김정은

이 비핵화 의지를 가질 수 있도록 함께 노력하자"는 표현이
이 더 어울린다.

제2부

북한의 우려스러운 선택

1. 폴라리스와 북극성

2021년 1월 14일 밤, 북한은 8차 노동당대회의 마지막 행사로 열병식을 하면서 신형 잠수함발사탄도미사일(SLBM)을 선보였다. 이동식발사차량(TEL)에 실린 SLBM에는 '북극성-5ㅅ'이라고 적혀 있었다. 북한이 2020년 10월 10일 당 창건 75주년 열병식에서 공개한 '북극성-4ㅅ'보다는 탄두가 다소 커졌다. 북한의 조선중앙통신은 '북극성-5ㅅ'을 '수중전략탄도탄'으로 부르면서 "세계 최강의 병기"라고 주장했다.

북극성은 영어로 '폴라리스(polaris)'이다. 그리고 폴라리스는 미국 최초의 잠수함발사탄도미사일의 이름이다. 이 미사일은 1961년에 전력화되어 1996년까지 운용되었다. 핵추진잠수함에 16개나 장착되었고 개당 1메가톤의 폭발력을 갖춘 핵탄두를 탑재했다. 이후 미국은 포세이돈과 트라이던트로 폴라리스를 대체해나갔고 폴라리스를 구매해 운용했던 영국도 트라이던트로 대체했다. 이렇듯 폴라리스는 20여 년 전에 역사의 무대에서 퇴장했다. 그런데 북한이 이를 부활시켰다.

북한이 처음으로 SLBM을 만들면서 그 이름을 북극성으로 지은 게 미국의 폴라리스를 의식했기 때문인지, 아니면 우연의 일치인지는 알 수 없다. 그러나 미국을 의식한 것만은 분명하다. 김정은 총비서는 8차 당대회에서 미국을 '최대의 주적'이라고 부르고는 "미국을 제압하고 굴복시키는데 초점을" 맞춰야 한다고 말했다. 그러면서 "강대강, 선대선의 원칙에서 미국을 상대할 것"이라고 천명했다. 미국이 강하게 나오면 자신도 강하게, 미국이 선하게 나오면 자신도 선하게 나오겠다는 뜻이다. 그리고 이러한 의지를 확인하듯 다양한 전략·전술무기 목록을 제시했다. 특히 핵잠수함과 수중발사핵전략무기의 필요성을 강조했는데, 이는 미국에게 적대시 정책 철회가 늦어질수록 '북한판 폴라리스'를 목도하게 될 날이 빨라질 것이라는 메시지를 던진 것이라고 할 수 있다.

병진노선 2.0

북한의 8차 당대회 결과는 여러모로 주목할 필요가 있다. 일단 북한은 당대회에서 '병진노선 2.0'을 국가전략으로, 대남·대미 전략으로는 '북한식 전략적 인내'를 선택했다고 볼 수 있다. 북한이 이러한 표현을 사용하지 않았지만, 내용으로는 그렇다.

우선 '병진노선 2.0'은 북한이 2013년 3월에 채택하고 5년 후인 2018년 4월에 종결을 선언했던 '경제 건설과 핵무력 건설 병진노선'을 부활시키면서 업그레이드한 것이다. '자력갱생과 자급자족을 전면화한 경제건설과 2차 공격능력-미사일방어체제(MD) 회피기술-전술핵무기화에 방점을 찍은 핵무력건설 병진노선'이 바로 그것이다. 이러한 북한의 선택은 향후 남북관계와 한반도 정세에 중대한 함의를 가질 수밖에 없다.

이전 병진노선은 자력갱생으로 경제적 어려움을 버텨내면서도 대남·대미 협상을 통해 경제발전에 유리한 대외 환경, 즉 대북 경제제재 해결이라는 목표도 포함했었다. 그러나 이것이 '장밋빛 환상'이었다는 것이 북한의 결론이다. 그리고 앞으로는 제재 해결에 대한 기대를 접고 제재를 '상수'로 놓으면서 경제발전과 인민 생활 향상을 도모하겠다는 것이다. 이러한 의지를 다지듯 김정은은 당대회 폐막사에서 '이민위천(以民爲天)'을 제1의 정신으로 내세우면서 인민의 '충복'이 되겠다고 다짐했다.

이와 관련해 2018년 이후 대북제재에 관한 김정은 총비서의 인식과 화법의 변화를 주목할 필요가 있다. 그는 1차 북미정상회담을 통해 기대했던 제재 완화가 가시화되지 않자 2018년 하반기에 제재에 대한 맹비난과 미국의 태도 변화를 촉구했다. 그리고 2차 북미정상회담의 목표를 영변 핵시설의 폐기와 제재 완화의 교환으로 삼았다. 하지만 이것이 '하노이 노딜'로 끝나면서 제재에 대한 화법이 달라졌다. 2019년 4월 최고인민회의 시정연설에서 "제재 해제에 더 이상 집착하지 않겠다"고 말한 것이다. 그러나 미련을 버리지는 않았다. "(미국이) 지난번처럼 좋은 기회를 다시 얻기는 분명 힘들 것"이라며 '미국의 용단'을 촉구한 것이다. '미워도 다시 한 번'인 셈이다.

그런데 2019년 6월 판문점 남북미 정상 회동도 '사진 찍기용'으로 귀결되면서 연말에는 이러한 미련조차도 버리겠다는 화법이 등장했다. 김정은은 노동당 전원회의에서 제재 해제가 "절실히 필요한 것은 사실"이지만 "지금껏 목숨처럼 지켜온 존엄을 팔 수는 없다"고 말했다. '자력갱생'으로 '정면 돌파'를 시도하겠다면서 말이다. 그리고 이번 8차 당대회에서는 "(경제건설) 결함의 원인을 객관이 아니라 주관에서" 찾겠다고 밝혔다. '객관'인 제재에 고통스러워하고 해결을 요구하기보다는 '주관'인 자력갱생과 자급자족을 강화하는 "절호의 기회로 반전시키겠다"는 것이다. 여기에 담긴 북한의 대외 메시지는 "제재할 테면 해라. 우리는 우리식대로 가겠다"는 것이다.

북한의 핵무력 증강 계획

북한이 밝힌 '핵무력 강화' 계획도 주목할 필요가 있다. 북한식 '핵무기 현대화'는 세 축으로 이뤄져 있다. 2차 공격 능력, 미사일방어체제(MD) 회피기술, 전술핵무기화가 바로 그것이다. 물론 이들 사이의 경계가 명확한 것은 아니다. 가령 전술핵은 MD 회피의 함의도 갖고 있다. 2차 공격 능력의 핵심인 SLBM도 지대지탄도미사일보다 요격하기 훨씬 어렵다. 깊은 바닷속에서 은밀히 발사되는 SLBM을 탐지·추적하는 것부터가 대단히 어렵기 때문이다. 그렇지만 편의상 아래와 같이 분류는 해볼 수 있다.

2차 공격 능력은 적대국의 공격으로 자신의 핵무기 일부가 파괴되어도 남아 있는 핵무기로 보복할 수 있는 능력을 갖춤으로써 적대국의 공격을 억제하겠다는 취지를 품고 있다. 이를 위해서는 핵무기의 양적 증강과 더불어 운반수단의 다양화도 필수적이다. 이미 대륙간탄도미사일(ICBM)과 전략폭격기를 갖고 있는 미국이 폴라리스를 만든 이유도, ICBM을 갖고 있다고 주장하는 북한이 핵추진 잠수함을 개발해 여기에 북극성을 탑재하겠다는 것도 이러한 전략에 따른 것이다.

MD 회피 기술도 주목된다. 북한이 한미일의 MD를 무력화하려는 취지에서 밝힌 주요 무기 체계로는 다탄두각개목표재돌입미사일(Multiple independently targetable re-entry vehicle, MIRV)과 극초음속 발사체가 눈에 띈다. MIRV는 하나의 미사일에 여러 개의 탄두를 싣고 각기 탄두가 다른 목표를 향해 떨어지는 발사체를 일컫는다. 이는 냉전 시대 미국과 소련이 상대방의 방패를 무력화하기 위한 취지에서 나온 것이다. 하나의 탄두도 맞추기 힘든데, 이게 중간에 여러 개로 나뉘어 각기 다른 곳으로 낙하하면 요격하기는 더더욱 어려워지기 때문이다. 또 극초음속 발사체는 미사일의 비행속도를 획기적으로 높여 MD를 뚫겠다는 취지에서 나온 것이다. 이 역시 전략적 경쟁을 벌이고 있는 미국, 중국, 러시아 등이 개발에 나선 무기이다. 아울러 북한이 전술유도미사일에 '저고도 활공 도약형 비행방식의 변칙적인 궤도 특성'을[39] 적용한 것도 MD를 무력화하기 위한 조치로 풀이할 수 있다.

전술핵 무기화는 북한이 2019~2021년에 걸쳐 집중적으로 선보이고 있는 단거리발사체와 중거리순항미사일에 핵탄두를 장착할 수 있다는 것으로 해석할 수 있다. '전략'핵무기와 '전술'핵무기의 경계를 나누는 것은 쉽지 않지만, 그 취지에는 차이가 있다. 전략핵은 적대국이 전쟁 결심 자체를 하지 못하도록 하는 데에 초점이 맞춰져 있다. 그래서 한두 발의 핵무기로도 대도시 전체를 날려버릴 수 있을 정도

---

39) 이는 미사일이 하강하다가 상승하는 것을 의미한다.

로 파괴력 자체가 엄청나다. 이는 반대로 사용 부담이 너무 커서 쓰는 순간 그 가치를 잃어버리는 속성도 품고 있다. 그래서 혹자는 전략핵을 '사용할 수 없는 무기(unusable weapon)'라고 부른다.

반면 전술핵은 '사용 가능한 무기(usable weapon)'로 불릴 정도로 전쟁 발발 시 실전에서 사용할 가능성을 염두에 둔 측면이 강하다.[40] 전략핵은 전쟁 억제라는 '전략적 목적'을 띠고 있다면, 전술핵은 전시 상황에서 군사적으로 유리한 상황을 만들겠다는 '전술적 목적'을 품고 있다. 그래서 전술핵의 파괴력은 전략핵보다 약하지만 위험성은 더 크다. 극심한 핵 군비경쟁을 벌이던 미국과 소련이 최초로 합의한 핵 군축 분야가 바로 중거리 핵전력폐기(INF) 조약이었던 것도 바로 이 때문이었다. 또 전술핵은 비핵 군사력에서 열세에 있는 쪽이 선택하는 수단이기도 하다. 이와 관련해 김정은은 남한의 첨단무기 도입을 맹렬히 비난하면서 "현대전에서 작전 임무의 목적과 타격 대상에 따라 각이한 수단으로 적용할 수 있는 전술핵무기를 개발"해야 한다고 밝혔다.

---

40) 미국은 전술핵이라는 표현이 핵사용 문턱을 낮추는 것이라는 해석을 동반한다는 이유로 공식적으로는 전술핵 대신에 '비전략(non-strategic) 핵무기'라는 표현을 사용한다.

북한은 또 군사정보 능력의 강화 방침도 밝혔다. 군사 정찰위성 운용과 500㎞ 전방 종심, 즉 남한 전역까지 정찰할 수 있는 무인정찰기 개발을 언급한 것이다. 기실 한미동맹은 고성능 망원경으로 북한의 군사적 움직임을 세세하게 파악할 수 있는 능력이 있지만 북한은 안대를 끼고 있는 것이나 마찬가지다. 한미동맹은 북한의 미사일 시험 발사를 모두 포착할 수 있지만, 북한은 그럴 능력 자체가 없는 것에서도 이를 알 수 있다.[41] 이에 따라 '전략국가'를 표방한 북한은 어떻게 해서든 한미동맹과의 정보 능력 비대칭성을 줄이려고 할 것이다.

이들 가운데 북한이 핵잠수함과 MIRV, 그리고 극초음속 발사체를 실제로 개발·생산·배치할 수 있을지는 미지수이다. 국가적 노력을 기울여도 상당한 비용과 시간이 소용될 것이고, 대미 압박의 성격도 품고 있기 때문이다. 또 경제발전을 최우선 과제로 내세운 김정은 정권이 취약한 재정을 국방 분야에 우선 투입하기도 쉽지 않다. 이러한 분석을 뒷받침하듯 북한은 2021년 국방비를 전체 예산 대비 15.9%

---

41) 정욱식,《한반도의 길, 왜 비핵지대인가?》(유리창, 2020년), 23쪽.

로 책정했는데, 이는 국방비를 동결했다는 뜻이다. 아울러 이런 전략무기들을 실전 배치하기 위해서는 시험 발사를 해야 하는데, 북한이 실제 시험 발사에 나서면 중국의 강력한 반발 및 미국과 유엔 안전보장이사회의 추가 제재로 이어질 수 있다는 점도 고려하지 않을 수 없을 것이다. 이에 따라 북한은 당분간 '새로운 전략무기 개발'과 관련해 핵실험이나 장거리미사일 시험 발사와 같은 '고강도'의 방식보다는 의지 표명, 연구개발, 신형 엔진 시험 등 '저강도'의 방식을 택할 가능성이 높다.

하지만 전술핵무기 개발은 다를 수 있다. 북한이 당대회에서 언급한 '초대형방사포', '신형전술미사일', '중장거리순항미사일' 등에 핵탄두를 장착하는 것은 비교적 단시간에 작은 비용을 들이고도 가능하기 때문이다. 또 전술 핵탄두 제작에 필요한 핵물질 생산 능력도 이미 갖춰놓았다. 북한으로서는 가장 '가성비'가 뛰어난 방식이다. 더구나 북한은 이들 발사체를 2019~2020년에 집중적으로 시험 발사했고 향후 시험 발사를 하더라도 유엔 안보리가 규탄을 넘어 추가 제재를 가하기도 쉽지 않다. 중국과 러시아가 추가 제재에 동의할 가능성이 낮기 때문이다.

아마도 북한은 한미와 유엔 안보리의 대응 수준에 따라 핵무력 건설 수위도 높여갈 것이다. 초기에는 전술핵의 운반체로 이용될 수 있는 단거리 발사체를 선보이고 이에 대해 한미와 유엔 안보리가 강경 대응을 하면 이를 빌미로 삼아 '새로운 전략무기'도 가시화할 공산이 크다. 무엇보다도 '발등의 불'은 전술핵이다. 대개 언론에서는 북한의 전략핵에 초점을 맞추지만, 오히려 우리가 걱정해야 할 대상은 전술핵이다.

2. 전술핵이 다가온다

북한이 공개적으로 전술핵개발 의사를 밝힌 것은 2021년 1월 당대회가 처음이다. 바로 이 지점에서도 역사의 기막힌 우연을 발견할 수 있다. 미국이 최초로 전술핵개발에 나선 때가 북한이 최초로 전술핵개발 의사를 천명하기 70년 전이다. 1951년 2월 콜린스 육군참모총장은 "육군이 곧 사용 가능한 핵폭탄을 갖게 될 것"이라고 말한 것이다. 한국전쟁에서 고전을 면치 못하던 미국은 핵공격 카드를 만지작거렸다. 그런데 망설인 이유가 있었다. 기존의 핵무기는 소련의 대도시와 전략 시설을 대상으로 삼았기 때문에, 북한과 같은 작은 나라, 그것도 이미 대규모의 공습을 통해 파괴할 것도 별로 남아 있지 않았던 북한에 커다란 핵무기를 사용하는 것은 '대포로 파리를 잡겠다'는 것과 마찬가지였다. 그래서 미국이 만든 것이 바로 전술핵이었고, 그 목표는 "공산군의 병력과 물자가 집중되어있는" 개성이었다.[42]

---

42) 정욱식, 《핵과 인간》 (서해문집, 2018년), 156쪽.

당시 미국은 1954년 5월을 '디-데이'로 잡았다. 다행히 그날이 오기 전에 정전협정이 체결되었다. 천년 고도 개성이 화염에 휩싸이고 한국전쟁이 3차 세계대전으로 비화할 위험은 피할 수 있었다. 그러나 70년이 지나도록 정전협정이 평화협정으로 전환되지 않고 있다. 그리고 북한은 위험천만한 카드, 전술핵개발 의사를 밝혔다. 이는 전쟁이 터지면 '한미연합군'을 겨냥하겠다는 의미를 품고 있다. 70년 전 미국이 '조중연합군'을 겨냥해 전술핵을 만들었던 것처럼 말이다.

북한의 전술핵과 미국의 전술핵

북한의 전술핵개발 가능성은 이전부터 예견된 것이었다. 이와 관련해 나는 2013년부터 한미동맹이 공격적인 작전계획과 연합훈련, 그리고 군비증강을 계속하면 북한이 전술핵개발에 강한 유혹을 느끼게 될 것이라고 주장한 바 있다. 한미동맹과의 군사력 격차가 벌어질수록 북한은 핵무장으로 이를 만회하려고 할 것이고 그 격차가 계속 벌어지면 가성비

가 뛰어난 전술핵을 선택할 것이라고 본 것이다.[43] 그런데
문재인 정부 출범 이후 남북한의 군사력 격차가 더욱 벌어
졌다. 2017년 남한은 세계 12위, 북한은 세계 18위로 평가되
었는데, 2020년에는 6위와 25위로, 2021년에는 6위와 28위
로 평가된 것이다.[44]

북한의 전술핵개발 방침이 "실용적인 관점에서 볼 때, 특
별히 놀랄 일이 아니다"라고 지적한 미국의 핵 전문가 진단
도 주목할 필요가 있다. 카네기국제평화연구소의 판다 선
임연구원은 북한이 재래식 군사력에서 월등한 한미동맹의
공격을 억제하고 억제 실패 시, 즉 전쟁이 터지게 되면 핵무
기 사용을 고려하게 될 것이라고 본다. 그러면서 "전술핵무
기는 이러한 전략에 신뢰성을 높여줄 수 있다"고 분석한 것
이다. 북한의 신형 단거리발사체에 "전술핵탄두가 장착되면,
위기 시 생존율과 반응 속도가 높아" 한미동맹을 상대하는
데에 실용적이라는 뜻이다.[45]

---

43) 이러한 주장을 담은 최초의 공개적인 글로는, 정욱식, '북한의 신형 방사포에 전술
핵이 달린다면?', 〈프레시안〉, 2013년 6월 4일 기고문 참조.

44) 세계 군사력 순위 평가는 www.globalfirepower.com 참조

45) ANKIT PANDA, "What Biden Should Know About North Korea's New Nuclear
Plans," JANUARY 15, 2021. 〈https://carnegieendowment.org/2021/01/15/what-

핵 억제(nuclear deterrence)는 '3C'로 구성된다. 능력
(capability)–신뢰성(credibility)–전달(communication)이 바로
그것이다. 앞서 설명한 것처럼, 북한은 전술핵을 만들 '능력'
을 보유하고 있다. 또 2016년에 열린 7차 당대회에서 적대국
이 먼저 핵무기를 사용하지 않는 한 "먼저 핵무기를 사용하
지 않을 것"이라고 밝힌 반면에, 8차 당대회에서는 "핵무기
를 남용하지 않을 것"이라고 밝혔다. '사용'을 '남용'으로 바
꾼 셈인데, 이는 적대국이 비핵무기로 공격해도 핵무기로 보
복당할 수 있다는 우려에 '신뢰성'을 높이려는 의도로 풀이
된다. 이러한 입장을 전술핵개발 의사와 함께 공개적으로
밝힌 것은 '전달'에 해당한다. 북한의 핵 능력과 핵 독트린
이 우려스러운 방향으로 흐르고 있는 셈이다.

북한의 움직임 못지않게 우려스러운 일도 있다. 바로 미
국의 신형 전술핵개발이다. 미국이 '스마트 핵무기'로 부르
는 B61-12의 생산이 임박한 것이다. 이 무기는 주로 적대국
의 핵무기 보유고와 같은 주요 군사시설, 특히 지하 요새를
타격하기 위한 목적을 띠고 있다. 그리고 북한이 주된 타깃

biden-should-know-about-north-korea-s-new-nuclear-plans-pub-83638〉

이다. 2018년 핵태세검토(NPR) 보고서에서는 북한의 지하시설을 겨냥해 "이들 시설을 탄착지로 삼는 재래식 및 핵 능력을 계속 배치할 것"이라며 동북아에 전술핵무기 배치 가능성도 시사했다. "비전략핵무기의 배치는 미국이 확전에 대응할 수 있는 전진 배치 능력을 보유하고 있다는 점을 잠재적인 적대국에게 보내는 확실한 억제 신호"라며, "필요할 경우, 미국은 동북아와 같은 (유럽 이외의 다른) 지역에도 비전략핵무기와 그 운반수단을 배치할 능력을 갖고 있다"고 밝힌 것이다.

B61-12는 정밀유도 장치를 달아 정확도는 크게 높이는 대신에 폭발력은 크게 낮추는 방향으로 개발되고 있다. 폭발력은 다이얼로 조절하는데 최소 300톤에서 최대 50킬로톤 사이에서 정할 수 있다. 정확도는 원형공산오차(CEP)로 평가하는데, 기존 B61 핵폭탄은 110~170미터에 달한 반면에 B61-12는 약 30미터에 불과하다고 한다.[46] 군사적 효율성은 극대화하면서 부수적 피해와 방사능 오염은 최소화해 미국의 핵공격 옵션을 다양화하겠다는 의도가 내포된 것

---

46) https://nationalinterest.org/blog/buzz/why-americas-b-61-12-nuclear-bomb-tempting-use-during-war-84921

이다. 또 이 무기는 미국의 현존 전략폭격기인 B-2와 개발 중인 B-21, 그리고 이중능력전투기(dual-capable aircraft)인 F-15E와 F-35A 등에 장착할 수 있다. 실제로 미국은 2020년 상반기에 두 차례에 걸쳐 B61-12를 장착한 F-15E의 비행 훈련을 실시했다. 2020년 하반기에는 F-35A에서 B61-12 투하 훈련을 실시하기도 했다.

그러나 B61-12를 비롯한 전술핵개발·생산이 순조롭게 이뤄질지는 두고 봐야 한다. 당초 미국 에너지부 산하 국가핵안보국(NNSA)은 "초도 생산을 2020년까지 마무리"하고 2025년까지 400~500개 생산을 완료한다는 계획을 밝혔었다.[47] 그러나 B61-12 개발 및 생산 단가가 크게 늘어나 초도 생산이 2022년으로 늦춰졌다.[48] 게다가 미국은 코로나19 확산과 경제위기 심화로 인해 국방비를 마냥 늘릴 수도 없는 처지이다. 정권교체를 계기로 불필요한 무기사업을 중단·축소해야 한다는 목소리가 민주당 진보파들을 중심으로 제기되고 있는데, 여기에는 전술핵 예산 삭감 요구도 포

47) https://www.energy.gov/sites/prod/files/2018/12/f58/B61-12%20LEP%20factsheet.pdf
48) https://www.armscontrol.org/act/2019-11/news/us-bomb-programs-face-delays-cost-hikes

함되어 있다. 그런데 B61-12는 오바마 행정부 때 결정된 사업이다. 이러한 점들을 종합해볼 때, 미국의 전술핵 사업은 축소·지연되더라도 전면 중단하기는 어려울 전망이다.

헤드 게임

'헤드 게임(head game)'은 상대방을 혼란스럽게 만들어 자신에게 유리한 상황을 만들려는 시도를 의미한다. 북한과 미국의 전술핵이 다가올수록 이 게임은 2022년 대선을 비롯한 한국 국내정치에서부터 동아시아 국제정치에 이르기까지 다양한 곳에서 다양한 양상으로 펼쳐질 전망이다.

2017년 5월 대선에서 자유한국당(현재 국민의힘)은 미국의 전술핵 재배치를 핵심적인 안보 공약으로 내세웠다. 하지만 당시 선거는 박근혜 정권 탄핵에 따른 조기 대선이어서 승패는 이미 기울어져 있었다. 게다가 미국에는 한국에 배치할 전술핵도 없었다. 그러나 2022년 3월 대선에서는 달라질 수 있다. 북한은 공개적으로 전술핵개발 의사를 천명했고 미국의 신형 전술핵 생산도 임박해 있다. 이러한 상황이 바뀌지 않으면 보수 정당은 이번 대선에서 전술핵 재배치를 공약으로 내세울 것이고 보수언론과 전문가들도 강하게 동조할 것이다.

해외 전문가들의 전망과 권고도 주목할 필요가 있다. 클린턴 행정부 때 북한 담당관을 지냈고 대표적인 대북협상론자인 조엘 위트는 북한의 핵 위협이 증대할 경우 대북억제력 강화 차원에서 "핵무기를 한반도에 재배치하는 문제가 거론될 수 있다"고 내다봤다.[49] 미국 국방부 산하 국방대(NDU) 소속 전문가들은 "미국은 위기 시 일본과 한국 등 아시아-태평양의 일부 파트너들과 비전략핵 능력의 구금형 공유(custodial sharing)를 포함한 논쟁적인 새로운 개념을 강력하게 검토해야 한다"고 주문했다.[50] 특히 케빈 러드 전 호주 총리와 척 헤이글 전 미국 국방장관 등 16명의 고위 관료 출신들이 2021년 2월에 발간한 보고서가 주목된다. 바이든 행정부가 한국·일본·호주와 함께 '아시아 핵 계획 그룹' 창

---

49) 38 North Press Call Transcript: Kim Jong Un's 2020 New Year's Address: No, Kim Jong Un Is Not Taking a Wait and See Approach, 38 NORTH, JANUARY 2, 2020, https://www.38north.org/reports/2020/01/pressbriefing010220/

50) Ryan W. Kort, Carlos R. Bersabe, Dalton H. Clarke, and Derek J. Di Bello, Twenty-First Century Nuclear Deterrence: Operationalizing the 2018 Nuclear Posture Review, U.S. National Defense University, JFQ 94, 3rd Quarter 2019.

120

설을 논의해야 한다고 주장하면서, 북한·중국·러시아의 핵 능력이 계속 강화될 경우, "미국의 비전략핵무기와 그 능력의 전진 배치를 통해 동맹국들에게 미국의 확고한 안보 공약을 제공해야 한다"고 주장한 것이다.[51]

이러한 흐름을 종합해보면, 2022년 대선은 안보문제로 골치 아픈 선거가 될 공산이 크다. 보수 진영은 문재인 정부의 북한에 대한 환상이 북핵 위협의 증대를 초래했다며 맹공을 퍼부을 것이다. 그리고 '핵에는 핵'이라며 미국 전술핵의 재배치를 강력히 주장할 것이다. 과거에는 이에 냉소적이었던 해외 전문가들 사이에서도 이와 유사한 주장을 내놓는 사람들이 늘어날 것이다. 국내의 각종 여론조사에서 한국의 독자적 핵무장이나 미국의 전술핵 재배치에 찬성하는 비율이 과반수를 넘나들고 있다는 점도 빼놓을 수 없다. 한마디로 집권 여당으로서는 골치 아픈 상황이 도래할 것이다. 김여정이 2021년 3월 한미연합훈련을 맹비난하면서 "명백한 것은 이번의 엄중한 도전으로 임기 말기에 들어선 남

---

51) REPORT BY IVO H. DAALDER, CHUCK HAGEL, MALCOLM RIFKIND AND KEVIN RUDD, "Preventing Nuclear Proliferation and Reassuring America's Allies," Chicago Council on Global Affairs, February 10, 2021.

조선당국의 앞길이 무척 고통스럽고 편안치 못하게 될 것"
이라고 경고했기에 더욱 그러하다. 자칫 남한의 보수가 대선
때마다 일으키는 '북풍(北風)'과 문재인 정부를 상대로 근친
증오에 빠진 북한이 일으키는 '북풍'이 맞물리면서 대선 국
면이 대혼란에 빠질 수도 있다는 것이다.

　한반도 차원의 '헤드 게임'도 새로운 국면에 접어들고 있
다. 기실 헤드 게임은 이미 시작되었었다. 참수작전이 대표
적이다. 이 작전은 유사시 북한의 명령권자를 제거해 핵전
쟁을 예방하겠다는 취지를 품고 있는데, 북한 지도자에게
제거될 수 있다는 두려움을 안겨주는 게 핵심이다. 북핵 사
용 징후 시 선제타격을 가하겠다거나 전쟁 발발 시 북한 정
권을 아예 끝장내겠다는 '공세적 방어주의'도 마찬가지 취
지를 품고 있다. 하지만 김정은은 두려움을 돌려주겠다는
방식으로 응하고 있다. 전술핵무기를 개발하겠다는 것이 대
표적이다. 북한의 전술핵이 전력화되면, 한미연합군의 대응
및 위기관리는 더욱 어려워진다. 북한의 단거리 발사체에 전
술핵이 장착되어 있는지, 핵탄두 장착 발사체가 어떤 것인
지, 유사시 전술핵 사용 명령권자는 누구인지 등 핵심적인
문제들이 안개 속에 있을 것이기 때문이다.

북한도 골치 아파지는 건 마찬가지이다. 북한의 전술핵을 비롯한 핵무기고는 유사시 한미동맹의 일차적 목표물이 될 것이고 북한은 '잃느냐 사용하느냐(lose or use)'의 딜레마에 처할 수밖에 없다. 북한은 어떤 핵이든 사용하는 순간 괴멸적인 보복을 당하게 될 것이다. 안보를 강화하기 위해 취한 조치가 상대방의 반작용을 야기해 오히려 안보를 불안하게 만드는 딜레마로부터 북한 역시 자유로울 수 없다는 것이다. 특히 북한의 전술핵 전력화와 미국의 전술핵이나 중거리 미사일의 전진 배치가 맞물릴 경우 한반도 전체의 안보 딜레마는 더욱 격화될 수밖에 없다.

이러한 한미동맹과 북한 사이의 군사적 갈등은 남아시아의 핵보유국이자 적대관계에 있는 인도-파키스탄 관계를 연상시킨다. 인도와 파키스탄의 경제력은 10배 이상, 군사비 지출은 5배 이상 차이가 난다. 국력이 압도적 우위에 있는 인도는 '차가운 개시(Cold Start) 독트린'을 만들었다. 인도군을 신속대응군 체제로 바꿔 국지 충돌 발생 시 파키스탄의 주요 전력을 신속하게 무력화하고 필요한 경우 주요 거점을 점령하면서도 파키스탄의 핵 보복을 초래하는 수준까지의 확전은 자제하겠다는 것이 골자다. 그러자 파키스탄이 꺼내는 카드가 바로 전술핵이다. 전술핵이야말로 가장 경제적인 방법으로 인도와의 군사력 열세를 만회할 수 있고 '차가운 개시'를 억제할 방법으로 여긴 것이다. 이와 관련해 파키스탄 총리는 "인도의 차가운 개시 독트린에 대응하기 위해 단거리 핵무기를 개발했다"고 밝혔다.[52] 인도가 핵전쟁을 방지하고자 마련한 '차가운 개시'가 오히려 핵전쟁의 위험을 높이고 있는 셈이다.

지금까지 북핵 모델과 관련해 다양한 나라들이 언급되어 왔다. 미국 네오콘이 선호한 '리비아 모델', 핵무기를 만들었다가 포기한 '남아프리카 공화국 모델', 미국과 러시아가 협력적 위협감소(CTR) 프로그램을 기반으로 비핵화를 이뤄낸 '우크라이나 모델' 등이 바로 그것이다. 하지만 북한은 '파키스탄 모델'이 될 가능성이 높아지고 있다. 인도의 '차가운 개시 독트린'은 이명박-박근혜 정부 때 나온 능동적, 혹은 적극적 억제와 유사한 내용을 품고 있다. 참수작전은 박근혜 정부 때 거론되었고 문재인 정부 때에는 거의 언급되지

---

52) https://economictimes.indiatimes.com/news/defence/pakistans-short-range-nuclear-weapons-to-counter-indias-cold-start-doctrine-abbasi/articleshow/60773973.cms

않고 있다. 하지만 참수작전을 담당하는 특임 여단 창설 및 이 작전의 핵심전력으로 언급되었던 '보이지 않는 전투기' F-35 도입은 문재인 정부 때 이뤄졌다. 또 문재인 정부는 엄청난 국방비를 투입해 MD와 공격력도 크게 강화했다. 이에 대해 북한이 꺼내든 맞대응 카드의 핵심이 바로 전술핵이다. 이는 매우 걱정스럽지만 충분히 예견할 수 있는 일이었다.[53]

우리를 골치 아프게 만들 상황은 여기에서 그치지 않는다. 한미동맹의 군비증강과 전술핵을 비롯해 북한이 공언한 핵무력 강화가 가시화될수록 연쇄반응이 일어날 것이기 때문이다. 우선 경북 성주에 임시로 배치된 사드(THAAD)의 정식 배치 및 업그레이드가 가속화될 것이다. 미국의 중거리미사일 아시아 전진 배치 가능성도 높아질 것이고 여기에는 한국도 예외가 아니다. 한미일의 군사적 결속도 강해질 것이다. 앞서 언급한 것처럼 미국의 전술핵을 한국에 재배치하거나 이것이 여의치 않으면 한국이 독자적 핵무장에 나서야 한다는 주장도 거세질 것이다. 이들 가운데 가시화되

---

53) 이에 대한 상세한 내용은 《한반도의 길, 왜 비핵지대인가?》 27~34쪽 참조.

는 것이 많아질수록 중국과 러시아의 강력한 반발과 유무
형의 보복을 초래할 것이라는 점도 명약관화하다.

3. 북한식 전략적 인내

나는 미국 대선 직후인 2020년 11월 13일 〈프레시안〉에 쓴 글에서 향후 북한의 선택과 관련해 아래와 같이 주장한 바 있다.

'북한식 전략적 인내'이다. '대화를 위한 대화를 하지 않겠다'는 '전략적 인내'는 미국만의 선택지가 아니다. 김 정은 위원장은 세 차례에 걸쳐 미국 대통령을 만났다. 하지만 트럼프가 약속한 것 가운데 지키진 것은 거의 없다. 그래서 북한은 미국의 적대시 정책 철회가 이뤄지지 않으면 '대화를 위한 대화를 하지 않겠다'며 '장기전'을 예고한 상황이다. '자력갱생'으로 인내하면서 한미의 태도 변화를 압박하고 기다리겠다는 취지이다.

성공하지 못해도 좋다?

실제로 8차 당대회에서 나온 북한의 입장은 이러한 전망과 흡사한 내용을 담고 있다. 먼저 남북관계와 관련해서는 "북남관계가 회복되고 활성화되는가 못 되는가 하는 것은 전적으로 남조선당국의 태도 여하에 달려 있다.", "북남합의를 이행하기 위하여 움직이는 것만큼 상대해주어야 한다.", "남조선당국의 태도 여하에 따라 얼마든지 가까운 시일 안에 북남관계가 다시 3년 전 봄날로 돌아갈 수도 있을 것" 등의 입장을 밝혔다. 대미관계에서는 미국을 '최대의 주적'이라며 부르면서 "새로운 조미(북미)관계 수립의 열쇠는 미국이 대조선 적대시 정책을 철회하는 데 있다"면서 "앞으로도 강대강, 선대선의 원칙에서 미국을 상대할 것"이라고 천명했다. 이러한 입장의 배경에는 "미국에서 누가 집권하든 미국이라는 실체와 대조선 정책의 본심은 절대로 변하지 않는다"는 평가가 깔려 있다. 한마디로 북한의 기본 입장은 한국과 미국의 태도 변화를 기다리겠다는 것이다. 그리고 이러한 입장은 하노이 노딜 이후 2년간의 대남·대미 정책 재검토를 거쳐 나온 것이다.

북한의 이러한 선택에서 북한이 과거에 그토록 비난했던 이명박-박근혜 정부와 오바마 행정부의 향기가 느껴지는 '지독한 역설'을 발견할 수 있다. 과거 한미 양국의 '전략적 인내'의 핵심 도구는 '제재 강화'였다. "플루토늄을 먹고 살 수는 없을 것"이라며 "핵무기를 포기하든지, 체제 붕괴까지 초래할 수 있는 제재를 당하든지 양자택일하라"는 메시지를 던졌다. "비핵화의 진정성을 보이지 않으면 대화를 위한 대화를 하지 않겠다"는 입장도 여러 차례 밝혔다. 하지만 김정은 체제는 빠르게 안정화되었고 핵 능력은 비약적으로 강해졌다.

  북한식 전략적 인내의 핵심 도구는 '핵무력 강화'이다. 한미 양국에 '적대시 정책을 철회하든지, 북한의 핵무기 증강을 감수하든지 양자택일하라'는 것이다. 과거에도 북한이 이런 메시지를 던진 적은 많았지만, 이번에는 그 양상이 다르다. 두 가지 측면에서 그렇다. 하나는 과거에는 북한의 언행이 미국을 협상장으로 이끌어내기 위한 성격이 강했다면, 이번에는 '대화를 위한 대화를 하지 않겠다'며 적대시 정책 철회를 행동으로 보여줘야만 협상에 임할 수 있다는 뜻을 품고 있다. 또 하나는 이전에는 북한의 핵 능력이 미국이 인내하거나 심지어 즐길 수 있는 수준이었다면, 북한이 당대회에서 밝힌 핵무력 증강 계획은 미국의 셈법을 더욱 복잡하게 만들었기 때문이다.

미국과 북한의 전략적 인내는 다른 차원에서도 비교·분석해볼 필요가 있다. 대다수 전문가는 오바마 행정부의 전략적 인내가 실패했다고 진단한다. 이에 따라 바이든 행정부는 전략적 인내와는 다른 선택을 할 것이라고 주장한다. 그런데 여기서 반문을 던져볼 수 있다. 과연 오바마 행정부가 전략적 인내를 통해 비핵화를 달성할 수 있다고 믿었을까? 아마도 '성공해도 좋고 아니어도 괜찮다'는 인식을 갖고 있었을 것이다. 3부에서 자세히 다루겠지만, 전략적 인내에는 또 하나의 의도가 내포되어 있었다. 점증하는 북핵 위협에 대처한다는 이유로 MD(미사일방어체제)를 고리로 삼는 한미일 군사협력을 강화한 것이 바로 그것이다. 그리고 이는 상당한 성과를 거두었다.

북한식 전략적 인내는 어떨까? 많은 이들은 성공할 수 없다고 본다. 하지만 김정은 정권 역시 '성공해도 좋고 아니어도 괜찮다'는 생각을 품고 있을 것이다. 한국과 미국의 태도 변화가 없어도 '북한식 핵무기 현대화'로 안보문제를, '자력

갱생과 자급자족'으로 경제와 민생문제를 해결할 수 있다고
믿고 있을 개연성이 높다. 북한이 이전부터 추구해온 국산
화는 8차 당대회 이후 가속화될 것이 확실하다. 또 코로나
19의 종식이 가속화될수록 북중·북러 무역도 정상궤도로
올라설 것이다. 이에 따라 북한경제의 완만한 회복이 이뤄
질 가능성도 있다. 적어도 지금보다는 나아질 수 있다는 것
이다.

침묵과 무시의 의미

북한의 선택이 전략적 인내로 흘러왔다는 것은 북한의 최
근 행태에서도 확인할 수 있다. 남북 당국 간 대화는 2018
년 12월 이후 2021년 3월 현재까지 28개월째 공백 상태이
다. 대단히 이례적인 일일 뿐만 아니라 2018년에 세 차례의
정상회담을 비롯해 남북대화가 숨 가쁘게 전개된 것에 비
춰볼 때 쉽게 납득하기 어렵다. 이렇게 된 데에는 '하노이 노
딜'이 크게 작용했지만, 북한의 대남 증오심이 커진 것도 주
된 원인이다.

북미관계 역시 마찬가지이다. 북미대화는 2019년 10월 실무회담 결렬 이후 2021년 3월까지 전혀 이뤄지지 않고 있다. 트럼프 행정부는 물론이고 바이든 행정부도 여러 차례 대북 접촉을 시도했지만, 북한은 묵묵부답이었다. 이뿐만이 아니다. 북한은 바이든 당선 이후 5개월 동안 일체의 반응을 내놓지 않았었다. 바이든이 대선후보 시절 김정은을 '폭군'이라고 불러도 그 흔한 비난 성명 하나 없었다. 바이든 행정부가 추가적인 대북제재를 시사해도 반응이 없었다. 한국과 미국 정부가 연합훈련 실시 의사를 밝혀도 침묵을 지켰다. 북한이 코로나 백신 제약회사를 상대로 해킹을 했다는 발표가 나와도 마찬가지였다. 미국 국무부가 유엔 인권이사회에서 북한 인권 결의를 추진해야 한다는 입장을 밝혀도 아무런 반응이 없었다. 그렇다고 북한이 바이든 행정부에 공개적으로 무언가를 제안하거나 요구한 것도 없었다. 이러한 현상은 1990년대 이후 처음이었다.

북한의 침묵이 길어지자, 일각에서는 북한이 바이든 행정부를 자극하지 않기 위해 도발적인 언행을 자제하고 있다는 분석을 내놨다. 바이든 행정부의 대북정책 재검토 결과가 나오기를 기다리는 것이라고도 했다. 제재, 코로나19, 자

연재해 등 '삼중고'로 북한의 경제가 악화된 만큼, 3월 한미 연합훈련을 축소해 실시하면 북한이 남북관계 개선에 임할 것이라는 희망 섞인 관측도 나왔다.

그러나 북한이 긴 침묵을 깨고 내놓은 입장은 이러한 분석이나 전망을 무색하게 하는 것이었다. 북한은 3월 8일에 한미연합훈련 실시 및 3월 중순 미국 국무장관과 국방장관의 일본-한국 방문을 계기로 담화를 내놓기 시작했다. 김여정 노동당 부부장은 3월 15일 한미연합훈련을 맹비난하면서 "3년 전의 따뜻한 봄날은 다시 돌아오기가 쉽지 않을 것"이라고 경고했다. 특히 "대남 대화기구인 조국평화통일위원회(조평통)를 정리하는 문제를 일정에" 올려놓고, "교류협력기구인 금강산국제관광국을 비롯한 관련 기구를 없애버리는 문제를 검토하고" 있으며, 남한이 "더더욱 도발적으로 나온다면 북남군사분야합의서도 시원스럽게 파기해버리는 특단의 대책까지 예견하고 있다"고 밝혔다.

북한은 2020년 6월 개성공동연락사무소를 폭파하고 통신선을 차단한 바 있다. 뒤이어 조평통 폐지와 교류협력기구 폐쇄 경고는 남북관계를 아예 '제로 상태'로 만들 수도 있다는 의사를 내비친 것이다. 더구나 2018년 9월 평양 남북정상회담에서 채택된 9·19 군사분야합의서의 파기 가능성까지 거론했다. 9·19 군사합의는 우발적 충돌 방지와 군사적 신뢰 구축이 획기적인 역할을 해왔다는 점에서 이 합의가 파기되면 문재인 정부의 대북정책의 최대 성과도 물거품이 될 수 있다. 김여정의 담화도 이를 의식한 것이다. "명백한 것은 이번의 엄중한 도전으로 임기 말기에 들어선 남조선당국의 앞길이 무척 고통스럽고 편안치 못하게 될 것"이라고 경고한 것이다.

3월 18일에는 최선희 외무성 제1부부장이 담화를 내놨다. "미국은 2월 중순부터 뉴욕을 포함한 여러 경로를 통해 우리와의 접촉을 시도해왔다"고 확인해주면서도 "또다시 미국의 시간벌이 놀음에 응부해줄 필요가 없다고 생각한다"며 무시한 이유를 설명했다. "서로 동등하게 마주 앉아 말을 주고받을 수 있는 분위기가 조성"되어야 하는데, 미국은 한미연합훈련을 강행하는 등 분위기 조성에 일체 성의를 보이지 않았다는 것이다. 그러면서 "미국의 대조선 적대시 정책이 철회되지 않는 한 그 어떤 조미 접촉이나 대화도 이루어질 수 없다는 입장을 밝혔으며 따라서 우리는 앞으로도 계속 이러한 미국의 접촉시도를 무시할 것"이라고 밝혔다. 앞서 설명한 '북한식 전략적 인내'의 의사를 분명히 한 것이다.

그렇다고 전략적 인내가 조용한 상태를 의미하는 것도 아니다. 오바마의 전략적 인내 시기에도 협상장은 조용했지만 장외는 시끄러웠다. 앞서 언급한 것처럼 북한식 전략적 인내의 핵심 도구는 핵무력이나 그와 유사한 무기 체계의 증강이다. 이에 한미가 태도를 달리한다면 좋고 아니어도 상관없다는 것이 북한의 셈법이다. 한미의 적대시 정책에 변화가 없으면 대화의 문을 계속 닫아걸고는 안보는 핵무력으로 경제는 자력갱생으로 해결하겠다는 것이다. 북한식 전략적 인내도 결코 조용할 수 없는 까닭이다.

문제는 북한의 이러한 경직되고도 강경한 입장이 장기적인 평가와 전망에 기반을 둔 것일 가능성이 높다는 데에 있다. 김정은은 '보수정권'인 이명박·박근혜 정부도, '진보정권'이라는 문재인 정부도 상대해봤다. 대미 관계에서도 오바마 및 트럼프 행정부를 경험해봤다. 특히 문재인 및 트럼프와는 숨 가쁜 정상외교도 해봤다. 그러나 그 결과가 황망하게 끝나자, 한국과 미국에 대한 기대를 접고는 '우리식대로 살겠다'는 의지를 굳게 다지고 있는 것으로 보인다. 어지간해서는 북한이 마음을 돌리지 않을 가능성이 높다는 것이다. 대북제재를 맹비난했던 북한이 "미국이 즐겨 써먹는 제재 장난질도 우리는 기꺼이 받아줄 것"이라고 밝힌 것도 이러한 전망을 뒷받침해준다.

4. 자성의 불균형

북한의 선택을 전혀 이해 못 할 바는 아니지만, 자성의 불균형을 보이는 것은 매우 유감스럽다. 김정은은 경제 실패를 자인하고 인민에게 눈물을 보일 정도로 솔직한 모습을 보여주었다. 반면 대외정책의 실패는 한국과 미국 등 외부의 탓으로만 돌리고 있다. 나 역시 한국과 미국의 대북정책에 대해 비판적인 입장이지만, 김정은이 실패한 외교의 원인을 내부에서도 찾지 못하면 '다람쥐 쳇바퀴 도는 신세'에서 벗어날 수 없다.

김정은은 핵무력 증강으로 안보문제를 해결할 수 있다고 믿겠지만, 북한이 핵 능력을 강화할수록 한미일과의 군비경쟁 및 안보 딜레마의 격화로 이어져 북한의 안보 불안도 가중될 소지가 크다. '자력갱생과 자급자족'으로 최악의 경제 상황에서 약간이나마 벗어날 수는 있겠지만, 김정은 스스로 다짐해온 "인민들이 꿈속에서도 그려보는 부흥번영의 이상사회"에는 도달할 수 없다. 북한이 앞으로도 '가난한 핵보유국'으로 남을 공산이 크다는 것이다.

남 탓을 하다 보면 타자에 대한 분노와 자기 연민에 휩싸이기 쉽다. 반면 실패의 원인을 내 탓에서 찾을수록 과거와는 다른 미래를 개척할 수 있는 용기와 지혜를 길어 올릴 수 있다. 병진노선 2.0과 전략적 인내로 후퇴하고 있는 김정은 정권 역시 전략 노선의 '재검토'에 나서야할 까닭이다. 그 출발점은 성찰에 있다.

대미 담판이 실패한 이유

북한의 대미 협상 원칙은 '단계적·동시적 조처'였다. 북한의 〈노동신문〉은 1차 북미정상회담 다음날인 2018년 6월 13일 "조미 수뇌 분들께서는 조선반도의 평화와 안정, 조선반도의 비핵화를 이뤄나가는 과정에서 단계별, 동시 행동 원칙을 준수하는 것이 중요하다는 데 대해 인식을 같이 했다"고 보도했다. 김정은은 2018년 9월 6일 트럼프에게 보낸 친서를 통해 단계적 방식을 구체화했다. "우리는 핵무기연구소나 위성 발사 구역의 완전한 폐쇄, 그리고 핵물질 생산시설의 불가역적 폐쇄와 같이 단계적 방식으로 한 번에 하나씩 의미 있는 조처를 하고 싶다"는 것이었다.

그리고 9월 19일 남북정상회담 합의문에 이 내용의 일부
가 포함되었다. 동창리 엔진시험장과 미사일 발사대를 영구
적으로 폐기할 의사를 밝히면서 "미국이 6·12 북미공동성
명의 정신에 따라 상응조치를 취하면 영변 핵시설의 영구
적 폐기와 같은 추가적인 조치를 계속 취해나갈 용의가 있
음을 표명"한 것이다. 열흘 후 리용호 외무상도 유엔 총회
연설에서 "조선반도 비핵화도 신뢰 조성을 앞세우는 데 기
본을 두고 평화체제 구축과 동시 행동 원칙에서 할 수 있는
것부터 하나씩 단계적으로 실현해 나가야 한다는 것이 우
리의 입장"이라고 거듭 강조했다. 하지만 북한이 이 원칙에
집착할수록 북한이 원하는 바의 실현도 멀어져갔다.

이를 잘 보여준 것이 바로 하노이 노딜이다. 가장 큰 책임
은 '노딜'을 선언한 트럼프 행정부에게 있지만, 김정은 정권
역시 그 책임에서 자유로울 수 없다. 김정은이 하노이 회담
첫날에 꺼내든 제안은 영변 핵시설을 완전히 폐기할 테니
미국은 유엔 안보리의 11건의 제재 가운데 2016년 이후 채
택된 5건의 제재 중 "민수경제와 인민생활에 지장을 주는
항목들"을 해제해달라는 것이었다. 이를 두고 리용호는 "조

미 양국 사이의 현 신뢰 수준을 놓고 볼 때 현 단계에 우리가 내 짚을 수 있는 가장 큰 보폭의 비핵화 조치"라고 강조했다.

하지만 북한이 미처 생각하지 못했거나 외면한 점이 있다. 영변 핵시설의 상대적 가치 하락이 바로 그것이다. 1994년 북미 제네바 합의 때에는 북핵 '초기' 단계였고, 6자회담이 진행될 때에는 북핵 '중간' 단계였다. 북한이 핵무기를 보유하지 않았거나 극소량을 갖고 있을 때였다는 것이다. 이에 반해 북한이 북미정상회담에 임할 때는 북한 스스로 '국가 핵무력 완성'을 선언했을 만큼 북핵 '완성' 단계였다. 이에 따라 영변 핵시설 폐기는 과거와는 판이하게 그 가치가 달라졌다. 그곳에 있는 핵시설을 모두 폐기하더라도 다량의 핵물질과 핵무기는 여전히 남아 있기 때문이다.

북한이 준비한 협상안의 한계는 바로 이것이었다. 하노이 회담 전부터 미국 안팎에서 북한이 대폭적인 제재 완화를 받아내면서 영변 핵시설과 위성 발사 시설 정도만 폐기하고 이미 보유한 핵무기와 핵물질은 포기하지 않을 것이라는 주장이 제기되었다. 일례로 미국의 국가정보위원회(NIC)는 하노이 회담 한 달 전에 내놓은 보고서에서 "북한은 미국과 국제사회의 핵심적인 양보를 얻기 위해 부분적인 비핵화 조치를 협상하려고 할 것"이라고 분석했다. "완전한 비핵화는 북한의 의도가 아니라는 것"이다.[54] 단계적 방식으로는 '완전한 비핵화'에 도달할 수 없다는 것이 미국 조야에 팽배한 인식이었다.

그런데 북한은 하노이 회담에서 핵무기와 핵물질 폐기 협상은 뒤로 미루고 위에서 설명한 협상안을 제시했다. 이는 트럼프 행정부에게 '나쁜 합의'로 간주되었다. 많은 이들이 궁금해한 것은 비핵화의 핵심이라고 할 수 있는 핵 신고와 핵물질, 그리고 핵무기는 어떻게 되느냐에 있었다. 그런데 북한은 이와 관련된 구체적인 입장을 내놓은 적이 없었다. 단계적 해법을 주장하더라도 그 단계를 밟아나가면 어떤 출구에 도달하는지에 대해서 협상 초기부터 말할 수 있어야 했는데, 그렇지 못한 것이다.

물론 북한이 주창해온 단계적 방식이 일리가 없는 것은 아니다. 북미 간의 신뢰 부족과 핵 문제 및 상응조치의 복잡함을 고려할 때 단계적 방식은 지극히 '상식적인' 것일 수

---

54) https://www.dni.gov/files/ODNI/documents/2019-ATA-SFR---SSCI.pdf

도 있다. 문제는 이것이 '비현실적'이라는 데에 있다. 불신은 북한만의 몫이 아니기 때문이다. 공화당과 민주당을 가릴 것 없이 미국은 전통적으로 북한의 단계적 방식을 '북한식 패턴'의 골자로 간주해왔다. '북한식 패턴'은 '도발-대화-보상'이 끊임없이 반복되어왔다는 것을 의미하는데, 여기에는 북한이 비핵화를 잘게 나눠 그때마다 보상을 받고는 정작 중요한 핵무기 폐기는 하지 않을 것이라는 인식이 깔려 있었다. 북한의 단계적 해법은 이러한 회의론을 불식하기보다는 오히려 강화하고 말았다.

더구나 한반도 평화체제 구축과 같은 현상 변경을 향한 '작용'이 일어나면 현상 유지를 선호하는 세력의 '반작용'도 커진다는 점은 과거에도 수차례 확인된 바였다. 그런데 북한은 이러한 점들을 제대로 인지하지 못했다. 이러한 이해 부족은 앞서 언급한 '단계적 해법'의 집착과 맞물려 하노이 노딜의 한 원인을 제공하고 말았다. 미국의 대다수 언론·전문가·정치인들은 물론이고 핵심 관료들조차 "김정은은 절대로 핵을 포기하지 않을 것"이라는 주장을 신념처럼 받들어왔다. 이런 그들에게 북한의 '단계적 해법'은 북한의 시간 끌기로 비쳤다. 볼턴과 폼페이오를 비롯한 강경파의 반격 빌미는 바로 이 지점에 있었다.

그렇다면 어떤 대안이 있었을까? 김정은은 단계적 해법에 집착하지 말고 '포괄적이고도 구체적인 합의와 단계적이면서 복합적인 이행'을 협상해야 했다. 하노이에서 제시한 영변 핵시설 폐기와 제재 완화를 1단계 이행 조치로 제안하면서도 핵물질과 핵무기 폐기 방식과 시한을 포함한 '완전한 비핵화'와 검증 방식도 협상 테이블에 올려놓고 이에 대한 상응조치로 북미관계 정상화, 평화체제 구축, 대북 안전보장 방안, 제재의 완전한 해제를 논의하자고 제안했어야 했다. 이를 통해 미국 주류와는 다른, 그러나 빅딜을 원한 트럼프의 협상 요구를 자극했어야 했다.

북한은 트럼프와의 담판이 실패로 끝나자 "우리는 미국의 노림수를 어항 속의 물고기를 들여다보듯 보고" 있다고 자신만만한 모습을 보이기도 했다. 하지만 세 차례의 정상회담에도 불구하고 이룬 게 없다는 북한의 결론은 그만큼 미국을 잘 몰랐다는 것을 자인하는 것과 다르지 않다. 미국을 변화시키기는 매우 어렵지만 미국이 불변의 나라인 것도 아니다. 그리고 미국을 변화시킬 수 있는 최선의 방법은 북한 스스로도 담대한 변화를 추구하는 것이다. 최선희는 "싱가포르나 하노이에서와 같은 기회를 다시는 주지 않을 것임을 명백히 한다"고 했지만, 그럴수록 미국을 변화시킬 방법도 요원해지고 만다. 북한이 반드시 유념해야 할 대목이다.

성찰 없는 대남 증오심

나는 2020년에 출간한 책《한반도의 길, 왜 비핵지대인가?》에서, 그리고 이 책의 1부에서 문재인 정부의 대북정책을 강도 높게 비판했다. 2019년 이래로 북한이 문재인 정부를 향해 불만과 증오를 쏟아내고 있는 데에는 그럴 만한 이유가 있고, 그 이유를 개선하지 않으면 남북관계 회복과 한반도 평화프로세스 재개는 불가능해질 것이라고 경고하기도 했다. 동시에 북한의 유감스러운 언행도 지적하지 않을 수 없다.

대화 없는 비난이 대표적이다. 1부에서 다룬 것처럼 문재인 정부가 북한과 '단계적 군축' 추진에 합의해놓고 사상 최대 규모의 군비증강에 나선 것은 분명 남북정상회담의 합의 정신에 위배 된다. 또 트럼프의 약속에도 불구하고 한미연합훈련을 계속한 것도 유감스러운 일이다. 북한은 이 두 가지 문제를 집중적으로 제기하면서 시정을 요구했지만, 문재인 정부의 전향적인 태도 변화는 없었다.

하지만 북한 역시 남북 합의 정신에 위배되는 모습을 보였다. 남북한은 2018년 9·19 군사분야합의를 통해 대규모 군사훈련 및 무력증강 문제를 '남북군사공동위원회'를 가동하여 협의해 나가기로 하였다. 그러나 북한은 남북군사공동위원회 가동은 고사하고 구성에조차 응하지 않아 왔다. 회담을 열어 협의하기보다는 차마 입에 담기 민망한 막말을 쏟아내곤 했다. 4·27 판문점 정상회담의 첫 결실이었던 개성 남북공동연락사무소를 폐쇄하는 수준이 아니라 아예 폭파시켜버렸다. 남측 공무원이 북한 수역에 진입했을 때, 구조하거나 남측에 통보하는 대신에 사살하고 말았다. 이를 종합해보면 남북관계 악화의 책임에 북한도 자유로울 수 없다. 북한이 남한을 향해 증오를 쏟아내고 무시하기에 앞서 자신의 언행부터 성찰해야할 까닭이다.

유감스럽게도 2018년에 의기투합했던 남북한은 이후에는 멀어져만 갔다. 문재인 정부는 북한의 호응 없는 대화를 제의하면서 한미연합훈련과 첨단무기 도입을 계속하고 있다. 김정은 정권은 대화의 문을 걸어 잠근 채, 대남비방과 무시로 일관하고 있다. 상대를 향한 양측의 민심도 싸늘하게 식어가고 있다. 이러한 추세가 장기화·고착화하는 것은 누구에게도 바람직하지 않다.

제3부

바이든 행정부의 대북정책

1. 안보의 경제성과 비경제성

2021년 1월 20일 취임한 조 바이든 행정부의 대북정책 화두는 '재검토'와 '새로운 전략' 두 가지다. 1월 19일 인준 청문회에 나온 토니 블링컨 국무장관은 "북핵 문제는 이전 행정부를 괴롭혔던 어려운 문제"이자 "더 나빠졌다"고 말했다. "나는 시작하기 어려운 문제라는 것을 인정하면서 시작하겠다"며 "우리가 하려는 첫 번째 가운데 하나는 접근법을 전반적으로 재검토하는 것"이라고 설명했다. 사흘 후 젠 사키 백악관 대변인은 바이든 행정부의 대북정책과 관련해 "우리는 미국인과 우리의 동맹국들을 안전하게 지키기 위한 새로운 전략을 채택할 것"이라고 밝혔다.

그렇다면 바이든 행정부는 기존 대북정책 '재검토'를 통해 '새로운 전략'을 내놓을 수 있을까? 정해진 답은 없다. 미국의 대북정책은 다양한 요소와 변수로부터 영향을 받는다. 사안의 중요성과 우선순위의 설정, 북한의 반응, 한국과 일본 등 동맹국과의 협의, 미국의 동아시아 전략과 미중관계, 한반도 평화프로세스가 미국의 동맹 전략에 미치는 영향, 대북정책에 대한 미국 의회와 여론의 향방, 새로운 정책과 전략 추진 시 성공 가능성에 대한 판단, 다른 지역의 정세 등이 이에 해당한다.

이것들이 일반적인 변수라면 바이든 행정부가 외교정책 추진 시 미국 국내에 미칠 영향을 더욱 중시할 것이라는 점도 주목할 필요가 있다. 이와 관련해 바이든 행정부의 백악관 안보보좌관으로 기용된 제이크 설리번은 각각의 외교정책은 '기본적인 질문'에 의해 판단될 것이라고 강조했다. "해당 정책이 미국인의 삶을 더 좋게, 더 편하게, 더 안전하게 만들 것인가"의 여부로 판단하겠다는 것이다.[55] 이러한 기조를 반영하듯 바이든은 뜻밖의 인물을 백악관 국내정책위원회 국장으로 기용했다. 오바마 행정부 때 유엔대사와 안보보좌관을 지냈고 바이든 당선 직후 국무장관의 물망에도 올랐던 수전 라이스에게 국내정책 총괄을 맡긴 것이다.

이것이 의미하는 바는 크다. 미국의 내부문제를 도외시하는 외교정책은 자제하고 내부문제 해결에 기여하는 방향

---

55) Jake Sullivan, "More, Less, or Different?: Where U.S. Foreign Policy Should—and Shouldn't—Go From Here," Foreign Affairs, January/February 2019.

으로 외교정책을 설계하겠다는 의지가 담겨 있기 때문이다.
이에 따라 미국이 직면한 거대하고도 구조적인 문제를 직시
하고 바이든 행정부가 이들 문제를 어떻게 해결하려고 하는
지 봐야만 한반도와 직결된 정책 방향도 제대로 예측하고
대처할 수 있다.

절망사의 나라

그렇다면 조 바이든 대통령 시대의 미국 안보 전략의 화두
는 무엇이 될까? 어떻게 표현을 하든, '안보의 경제성'을 피
할 수는 없다. 코로나19 사태의 장기화와 경제위기, 이전부
터 시작된 중산층의 붕괴와 사회경제적 양극화로 인해 흥청
망청 돈을 쓰면서 안보를 추구하는 방식이 중대한 도전에
직면했기 때문이다.

　일찍이 이를 간파한 사람이 바로 미국의 5성 장군 출신
드와이트 아이젠하워 대통령이었다. 그는 대통령 재임 시
"미국은 안보와 지불능력(solvency)을 동시에 달성해야 한
다"며 "사실, 군사적인 힘도 경제력에서 나온다"고 역설한

바 있다. 한국전쟁을 거치면서 폭등한 군사비를 조절하지 않으면 경제에 큰 부담을 야기하고 이것이 군사력 건설에도 장애 요인이 된다고 여긴 것이다. 하지만 아이젠하워 재임 시 군산복합체의 영향력은 더욱 커졌고 급기야 그는 퇴임 기자회견에서 "군산복합체의 부당한 영향력"을 경계해야 한다고 호소했다.

그렇다면 오늘날 미국의 현주소는 어떤가? 과거 미국 경제가 잘 나갈 때 미국인들은 미국이 세계 경찰이든 깡패든 나라 밖 일에 적극 개입하는 것에 대해 반감이 크지 않았다. 오히려 자부심을 갖는 사람들이 많았다. 하지만 미국이 아프가니스탄, 이라크, 시리아 등에서 장기 전쟁을 치르는 사이에, 그리고 하늘 높은 줄 모르고 군사비를 계속 증가해 온 사이에 미국인들의 삶의 질과 사회경제적 양극화는 뚜렷이 악화되었다.

이러한 미국의 현실을 적나라하게 보여주는 것이 바로 '절망사(deaths of despair)'이다. 절망사는 자살과 마약이나 알코올 중독으로 인한 사망을 일컫는데, 미국이 주요 선진 국들 가운데 압도적인 1위를 기록하고 있다. 절망사로 인해 1차 세계대전 이후 처음으로 2015년부터 2017년까지 3년

연속으로 미국인들의 기대 수명이 줄어들었다. 심지어 아프가니스탄과 이라크 전쟁 18년 동안 사망한 미국인보다 2주마다 절망사로 목숨을 잃는 미국인들이 더 많다. 주목할 점은 절망사가 백인 남성의 저학력 계층에서 두드러지게 나타나고 있다는 점이다.[56]

트럼프가 2016년 대선에서 '러스트 벨트'를 석권하면서 대통령에 당선될 수 있었던 데에는 이러한 '미국병'이 도사리고 있었다. 설상가상으로 미국이 코로나19 사태의 최대 피해국이 되면서 많은 미국인이 기본적인 생계와 안전을 확보하는 일조차 어려워하고 있다. 이는 민생을 시장경제에만 맡겨둘 수는 없어 정부 차원의 직접 지원이 늘어날 수밖에 없다는 것을 의미한다. 바이든 행정부가 취임 초기 무려 1조9000억 달러(약 2100조 원)를 민생 구제에 투입하기로 결정한 것도 이러한 맥락에서 이해할 수 있다. 오바마 때 첫발을 내딛었다가 트럼프에 의해 엎어진 보편적 의료보험 제도의 도입도 시급해지고 있다.

이에 따라 '안보의 경제성'이 향후 미국 대외정책의 핵심

---

56) Anne Case and Angus Deaton, "The Epidemic of Despair," Foreign Affairs, MARCH/APRIL 2020.

화두로 떠오르게 될 것이다. 생각해보라. 많은 미국인이 질병과 빈곤의 나락으로 떨어지고 있는 상황에서 미국 행정부가 나라 밖 일에 대한 개입을 유지하거나 높이면 그 행정부가 정치적으로 무사할 수 있겠는가? 8000억 달러에 육박하는 국방비를 줄이지 않고 폭증하는 보건의료와 민생의 수요를 감당할 수 있겠는가? 이러한 미국의 절박하고도 구조적인 문제는 군사력을 앞세워 '자유주의적 국제주의'를 추구해온 미국 기득권 세력의 관성과 상당한 마찰을 일으키게 될 것이다. 특히 1기 바이든 행정부의 최대 목표는 정권 재창출에 놓이게 될 것이라는 점에서 원하든 그렇지 않든 아이젠하워가 던진 화두를 피할 수 없을 것이다.

앞서 소개한 설리번의 발언이나 외교 전문가 라이스를 국내정책 총괄로 기용한 것에서도 이러한 기류는 읽을 수 있다. 특히 집권당이 된 민주당 내 진보파들은 불필요한 타국과의 경쟁과 군비지출을 최소화해 국내 문제 해결에 투입해야 한다고 목소리를 높이고 있다. 바이든의 화법에도 변화가 일어나고 있다. 그는 '부통령' 퇴임 직전에 미국은 "자유주의적 국제 질서를 계속 주도하고 필수불가결한 국가로서의 역사적 책무를 완수해야 한다"고 말했다. 하지만 '대통령' 선거 유세에서는 이러한 발언 대신에 국내 상처를 치유해야 한다는 점에 역점을 뒀다. 타자에게 영향력을 행사는 방식으로도 '힘의 본보기보다는 모범의 본보기'를 강조했다.[57]

이러한 바이든 행정부의 국정 기조는 지구촌 최대 관심사인 미중관계에 있어서도 중대한 함의를 지닌다. 기실 아이젠하워의 국정 철학을 가장 잘 실천한 나라가 바로 미국의 경쟁자로 떠오른 중국이다. 개혁개방의 기수 덩샤오핑은 '중국식 국가 핵무력 완성'을 서둘러 끝내고 재래식 군비 부담을 줄여 경제발전에 투입했다. 그리고 경제력이 급성장하자 군사력 건설에도 박차를 가했다. 그 결과 세계 최빈곤국 가운데 하나였던 중국은 오늘날 경제력 세계 2위, 군사력 세계 3위로 올라섰다.

이러한 현실은 바이든 행정부가 '안보의 경제성'을 외면하면 중국과의 전략경쟁에서도 미국이 우위를 계속 유지하기 힘들게 될 것임을 예고해준다. 미국은 초당적인 외교안보 전략의 목표를 중국 견제에 두면서 이를 위해 동맹 변화 및

---

57) Stephen Wertheim, "Delusions of Dominance: Biden Can't Restore American Primacy—and Shouldn't Try," Foreign Affairs, January 25, 2021

대규모 군비증강을 추구해왔다. 그런데 코로나19 사태를 거치면서 군사력보다 경제력이 국력 및 패권경쟁의 척도로 더 중시되고 있다. 중국보다 미국이 코로나19 사태에 따른 경제적 피해가 더욱 심각해지고 있기에 더욱 그러하다.

한국 안보의 비경제성으로?

'안보의 경제성'은 바이든 시대의 한미관계 및 한국의 선택과 관련해서도 중대한 함의를 지닐 수밖에 없다. 미국이 안보의 경제성을 추구하는 방식은 비용이나 역할, 혹은 둘 모두를 동맹국이 더 많이 부담하라는 것이다. 트럼프 행정부는 돈을 우선시했다. 반면 오바마 행정부는 역할을 중시했다. 오바마 행정부가 한일 간의 역사 갈등 해결을 압박하면서 한미일 군사정보보호약정, 한일군사정보보호협정(지소미아), 사드 배치를 요구·관철한 것이 대표적이다. 이를 관통하는 것이 바로 한미일 미사일방어체제(MD) 구축이었다. 한미일이 MD 자산을 통합하면 경제적인 방식으로 군사적 효율성을 극대화할 수 있다는 논리가 똬리를 틀고 있었던 것이다. 오바마 행정부는 그 최대 구실을 북한에서 찾았고 본질적으로는 중국을 염두에 뒀다. 오바마 행정부가 북한을 상대로는 '전략적 인내'를, 중국을 겨냥해서는 '아시아 재균형'을 거의 동시에 공식화한 것은 우연의 일치가 아니었다.

그런데 바이든 행정부는 부지불식간에 오바마의 전략을 계승·강화할 가능성이 있다. 일단 바이든은 당선 직후 "제3기 오바마 행정부가 아니다"며 외교정책에 있어서 '신선한 사고(fresh thinking)'를 강조했다. 동시에 그는 "우리는 오바마 행정부 때에 비해 완전히 다른 세계에 직면해 있다"며 동맹 강화의 필요성을 강조했다. 트럼프의 "미국 우선주의가 '나 홀로 미국(America alone)'으로 귀결되었다"며 "미국은 동맹과 협력할 때 최강이라는 것이 나의 핵심 신념"이라는 것이다. 특히 바이든 행정부는 북대서양조약기구(NATO) 및 아시아-태평양 동맹 강화를 다짐하고 있는데, 이는 오바마 행정부가 추구했던 방향이기도 하다.

문제는 바이든 행정부가 안보의 경제성을 추구하는 방식이 미국의 부담은 줄이고 동맹·우방국에게 그 부담을 전가하는 양상으로 나타날 수 있다는 데에 있다. 바이든이 '동맹국들과 함께'를 유독 강조하는 것도 이를 의식하고 있기 때문으로 보인다. 바이든 행정부가 아시아를 바라보는 시선에서도 이를 발견할 수 있다. 중국의 부상 및 북한의 핵과 미사일 능력 강화라는 '위협 인식'과 군비 부담을 줄여야 한다는 '경제적 압박'이 아시아 동맹 강화론으로 나타나고 있기 때문이다.

이러한 징후는 이미 나타나고 있다. 2021년 2월 11일 〈CNN〉 보도에 따르면, 한미 양국은 방위비 분담금을 비롯한 여러 현안에서 견해차를 좁혔다. 방위비 분담금은 "기존보다 13% 인상하는 내용으로 다년간의 계약이 될 가능성이 크다"고 보도했다. 또 "최종 합의에는 한국 국방예산 증대와 한국의 군사장비 구매 등의 내용이 포함될 수 있다"고 덧붙였다.[58] 이 보도 한 달 후에 타결된 11차 한미방위비분담금특별협정(SMA)은 실제로 이러한 내용을 담고 있다. 핵심적인 내용은 2021년 분담금은 전년도보다 13.9% 인상된 1조1833억 원을 지급하고, 2022년부터 2025년까지 분담금 인상률은 전년도 한국의 국방예산 증가율을 적용하기로 한 것이다. 이를 두고 청와대는 '합리적인 분담금'이라고 자평

---

58) 〈CNN〉, February 10, 2021. https://edition.cnn.com/2021/02/10/politics/us-south-korea-cost-sharing-troops/index.html

했다.

그러나 이러한 합의는 매우 우려스러운 부분을 내포하고
있다. 특히 방위비 분담금 인상률을 우리 국방비 인상률과
연동시킨 것이 그러하다. 미국은 이를 근거로 한국의 국방
비 인상을 지속적으로 요구할 것이다. 이를 통해 방위비 분
담금도 더 많이 받아내고 미국산 무기와 장비도 더 많이 팔
수 있기 때문이다. 미국으로서는 돈도 많이 받고 무기도 더
파는 '일석이조'의 이익을 얻게 되는 셈이지만 우리로서는
'설상가상'이 될 수 있다. 국방비를 인상할수록 도탄에 빠진
민생을 구하는 데에 사용되어야 할 소중한 예산은 줄어들
게 된다. 대규모 군비증강을 지속할수록 수렁에 빠진 남북
관계를 복원하기도 어려워진다. 더구나 그 적용기간을 2025
년까지 정한 것은 차기 정부의 선택 폭을 크게 좁히는 결과
를 초래할 것이다. 문재인 정부의 자화자찬이 거북하게 들리
는 까닭이다.

이뿐만이 아니다. 인건비, 군사건설비, 군수지원비로 구
성된 방위비 분담금은 9000억 원 정도로도 충분히 충당할
수 있다. 미집행된 현금 9700억 원이 미국 은행에 예치되어
있고, 10조 원 이상 소요된 평택 미군기지 확장사업이 완료

되었기에 더욱 그러하다. 바로 이 지점에서 핵심적인 문제가 제기된다. 미국이 남는 돈을 어디에 쓸 것인가가 바로 그것이다. 미국이 그 일부를 주일미군 등 한반도 밖의 군사력 정비용으로 전용해왔다는 것은 이미 확인된 바이다.

복병은 또 있다. 바로 경북 성주의 사드 기지이다. 현재 임시배치 상태에 있는 사드는 일반환경영향평가가 마무리되면 정식 배치 여부를 결정해야 한다. 문재인 정부가 '동맹 강화'를 다짐하고 있고, 바이든 행정부는 동맹의 핵심으로 MD 강화를 삼고 있다는 점에서 정식 배치의 수순을 밟을 가능성이 높다. 그리고 미국은 정식 배치와 운용에 필요한 경비를 방위비 분담금을 전용해 사용하려고 할 것이다. 사드 배치 결정 당시 주한미군사령관이었던 빈센트 브룩스가 2017년 4월 미 의회 청문회에서 방위비 분담금이 "사드 기지 향상과 같은 점증하는 요구를 충족시킬 비용 전용을 가능케 한다"고 밝힌 것도 이러한 전망을 뒷받침해준다.

그는 또 방위비 분담금이 "변화하는 안보환경에 대응하는 데에 필요한 유연성을 제공"해줄 것이라고 말했다. 알쏭달쏭했던 이 말은 최근 미군 정찰기인 U-2기의 행보를 보면 그 뜻을 알 수 있다. 오산 공군기지에 배치된 U-2기의 대중

감시·정찰 비행이 잦아진 것이다. 노무현 정부 때 한미 갈등의 주요 원인 가운데 하나였던 '주한미군의 전략적 유연성'이 가시화되고 있는 셈이다. 그것도 한국이 준 방위비 분담금으로 정비를 받으면서 말이다.

이러한 흐름을 종합해볼 때, 문재인 정부와 바이든 행정부가 이구동성으로 말하는 한미동맹 강화가 한국의 비용 및 역할 증가로 나타날 우려가 크다. 우려의 근거는 명확하다. 한반도 정전체제의 불안정성은 가중되고 한국이 미중관계의 샌드위치 신세로 전락할 위험도 커지면서 민생 구제에 사용해야 할 소중한 자원의 낭비를 초래할 것이기 때문이다. 이렇게 되면 미국이 '안보의 경제성'을 추구하는 것이 우리에게 '안보의 비경제성'으로 귀결되고 만다. 군비경쟁과 안보 딜레마의 격화를 수반하면서 말이다.

이러한 우려를 최소화하기 위해서는 동맹국인 한국이 미국에 다른 길을 제시해야 한다. 그것은 바로 한미가 같이 '다른 수단에 의한 안보'를 추구해 안보 수요 자체를 줄이는 방향으로 가는 것이다. 여기서 '다른 수단'이란 대화와 협상을 통해 북한 및 중국과의 상호 간 위협을 감소시켜 나가는 것을 의미한다. 이를 위해서는 한국부터 '한미동맹은 강화되어야 하고 국방비는 매년 늘려야 한다는 고정관념'을 탈피해야한다. 안보의 경제성은 우리에게 더 절실하다.

2. 최선의 모델

바이든 행정부가 핵비확산 정책과 관련해 맞닥뜨리게 될 주
요 상대국들은 북한과 이란이다. 북한은 부시 행정부의 대
북 강경책에 반발하면서 2003년 1월 핵확산금지조약(NPT)
에서 탈퇴해 핵무기를 만든 유일한 나라이다. 특히 2017년
에는 수소폭탄 실험과 대륙간탄도미사일(ICBM) 시험 발사
를 강행했고 그해 11월에는 '국가 핵무력 완성'을 선언했다.
트럼프와의 '톱다운' 협상이 실패로 돌아간 이후에는 '핵무
력 강화'와 '새로운 전략 무기' 개발을 공언하고 있다. 이에
반해 이란은 NPT(핵확산방지조약) 회원국이자 핵무기를 보유
하고 있지 않아 북한과는 큰 차이가 있다. 하지만 트럼프 행
정부가 2015년에 체결된 이란 핵 협정인 '포괄적공동행동계
획(Joint Comprehensive Plan of Action, JCPOA)'에서 탈퇴한 이
후 이란 핵 문제도 '뜨거운 감자'로 부상하고 있다.

　바이든이 대선후보 때부터 취임 초기에 밝힌 두 나라에
대한 정책은 온도 차이도 크고 비중에서도 차이가 난다. 바
이든이 대선후보 때 밝힌 대북정책 방향은 '전략적 인내'의

틀에서 크게 벗어나지 않았다. 이에 반해 이란에는 적극적인 관여 의사를 피력했다. 그는 트럼프 행정부의 이란 핵 협정 탈퇴를 "대서양 관계에서는 심각한 위기를 자초하고 중국-이란, 러시아-이란 관계를 밀착시킨 무모한 행동"이라며 "그 결과 이란보다 미국이 국제사회에서 고립되었다"고 비판했다. 그러면서 "이란이 핵 협정을 준수한다면, 후속 협상의 출발점으로 핵 협정에 다시 가입하겠다"고 공약했다. 취임을 전후해서는 북한보다 이란을 중시하는 경향도 두드러지게 나타났다.

그런데 주목할 점이 있다. 바이든이 2020년 7월 미국 외교협회(CFR)에 보낸 입장문에서 이란 핵 협정을 대북협상의 모범 사례로 제시한 것이다. 그는 "오바마-바이든 행정부가 협상한 역사적인 이란 핵 협정은 이란의 핵무기 보유를 봉쇄했으며 이는 효과적인 (대북) 협상의 청사진을 제공한다"고 주장했다. 그러면서 "대통령에 당선되면 미국의 협상팀에게 권한을 부여하고 동맹국들 및 중국을 포함한 다른 나라들과 함께 비핵화된 북한이라는 공동의 목표를 향해 지

속적이고 조율된 캠페인의 시동을 걸겠다"고 밝혔다.[59]

　이 점을 주목해야 할 이유는 대북정책 재검토에 착수한 바이든 행정부가 이란 핵 협정 사례를 참고할 가능성이 높기 때문이다. 트럼프 행정부의 대북협상이 실패한 결정적인 이유 가운데 하나는 과욕에 있었다. 이란 핵 협정에서 탈퇴한 트럼프 행정부는 '협상이란 이런 것이다'라는 것을 보여주겠다며 이란 핵 협정보다 훨씬 강력하고도 일방적인 요구를 북한에 제시했었다. 북한에게 핵뿐만 아니라 생화학무기와 모든 탄도미사일, 그리고 이중용도 프로그램의 폐기를 요구한 '최종적이고 완전히 검증되는 비핵화(FFVD)'도 이러한 맥락에서 나온 것이었다. 하지만 북한이 이를 수용할 리는 만무했다. 블링컨도 트럼프의 대북협상을 '돈키오테식 사업(quixotic enterprise)'이라고 혹평하면서 "대북 핵 협상에서 최선의 모델은 이란"이라고 주장했다.[60]

---

59) https://www.cfr.org/article/joe-biden

60) The New York Times, June 11, 2018.

이란 핵 협정의 내용은?

2015년 7월 오스트리아 빈에서 타결된 이란 핵 협정의 골자는 이란의 핵 프로그램을 철저하게 평화적 목적으로 한정하고, 이에 상응해 경제제재를 해제하는 것이다. 포괄적 공동행동계획(JCPOA)으로 불리는 합의문은 본 협정과 5개의 부속합의서를 합쳐 159쪽에 달할 정도로 구체적이다. 촘촘한 합의를 통해 빈 구멍이나 해석상의 차이가 생기지 않게 하겠다는 의지가 그만큼 강했던 것이다. 이를 두고 오바마는 "신뢰가 아니라 검증에 기초한 것"이라며, 강력한 검증 체제 구축을 시도했다. 당초 검증 문제는 '백지 수표'를 달라는 미국과 '주권 침해'를 들어 반대했던 이란 사이의 핵심 쟁점이었다. 타협안은 국제원자력기구(IAEA)가 군사 시설을 포함해 의심시설을 모두 접근할 수 있지만, 이란과 P5+1(유엔 안보리 상임이사국 5개국과 독일), 그리고 IAEA가 함께 구성한 '합동위원회(Joint Commission)'의 협의를 거치도록 했다.

'뜨거운 감자'였던 우라늄 농축 문제는 이란의 농축 상한선을 3.67%로, 규모는 300㎏ 이하로 제한키로 했다. 대개

무기급 우라늄의 농축도는 90% 이상이고, 고농축 우라늄은 20% 이상으로 간주된다. 이에 따라 이러한 제한은 이란의 핵무장 능력을 획기적으로 줄인 것으로 평가할 수 있다. 또 하나의 쟁점은 원심분리기였다. 이와 관련해 협정에서는 신형 원심분리기를 비롯한 이란의 핵기술 연구·개발(R&D)은 나탄즈 시설로 한정하기로 했다. 대신 미공개 시설로 논란이 되었던 포르도 농축 시설에서는 농축·연구·핵물질 저장을 금지하기로 했다. 나탄즈에서의 연구개발도 원심분리기의 상용화에 못 미치는 실험까지만 허용키로 했다. 아울러 이란은 합의 당시 보유하고 있던 농축 우라늄의 98%를 감축하고 원심분리기의 수량도 협정 체결 당시 약 2만 개에서 5060개로 축소하기로 했다. 이란은 2016년 1월까지 초과 분량의 원심분리기를 자체적으로 폐기했고 상당한 양의 농축 우라늄을 러시아로 보냈으며, IAEA도 사찰을 통해 이를 공식 확인했다.

또 하나의 쟁점은 플루토늄을 생산할 수 있는 중수로(heavy-water reactor) 문제였다. 미국 등 서방 국가들은 이란이 아라크에 건설 중이던 중수로의 폐기를 요구했지만, 이란은 전력 생산 및 의료용 방사성 동위원소 생산용이기 때문에 불가하다고 맞섰다. 타협은 중수로를 무기급 플루토늄을 생산할 수 없도록 재설계하고 사용 후 연료를 이란 외부로 반출하는 수준에서 이뤄졌다. 또 이란은 2030년까지 추가적인 중수로를 건설하지 않기로 약속했다.

이렇듯 이란의 우라늄 농축 능력에 상당한 제한을 부과하고 플루토늄 생산 경로는 사실상 차단함으로써 이란의 핵무기 개발 능력은 상당 기간 원천봉쇄 되었다. 미국을 비롯한 서방국가의 핵심적인 협상 목표 가운데 하나는 '돌파 시간(breakout time) 늘리기'였다. 돌파 시간은 이란이 하나의 핵무기를 만들겠다고 결심한 때부터 실제로 핵무기 제조에 성공할 때까지의 시간을 의미한다. 돌파 시간이 짧을수록 국제사회가 이를 저지하기가 쉽지 않게 된다. 그런데 협상 당시 이란의 돌파 시간은 2~3개월로 간주되었다. 미국은 이걸 1년으로 늘리는 걸 목표로 삼았다. 우라늄 농축도 3.67%, 우라늄 보유량 300kg을 기준으로 삼은 것도 이 때문이었다. 3.67%의 우라늄 300kg으로 우라늄 핵폭탄 1개를 만드는 데 1년이 걸릴 것이라는 계산이 나온 것이다. 이 정도 시간이면 이란이 핵 합의를 뒤집어 핵무기 개발에 나서더라도 국제사회가 충분히 저지할 수 있다고 간주한 것이다.

더구나 이란 핵 협정은 '예외적이고 강력한 감시·검증·사찰 체계'를 동반하고 있다. 이란은 IAEA 안전조치협정의 추가의정서도 가입·비준함으로써 IAEA에 이란의 신고 시설뿐만 아니라 미신고 의심 시설까지 접근할 수 있는 권한을 부여했다. 또 이란이 IAEA의 사찰 요구를 거부할 경우 합동위원회에서 이 문제를 다루고 표결에서 과반수의 결정으로 이란에 제재를 다시 부과할 수 있는 '스냅 백(snap-back)'도 명시되었다. 합동위원회에서 해결이 안 되면 유엔 안보리로 회부할 수 있고, 유엔 안보리는 이란의 협정 위반 판단 시 해제한 경제 제재를 최장 15년 동안 다시 부과할 수 있는 권한도 명시되었다.

　이렇듯 단기적으로는 이란의 핵무장을 확실히 차단할 수 있게 되었지만, 장기적인 차원에서는 얘기가 달라질 수 있다. 협정에 따르면 이란은 2025년부터는 원심분리기에 가해진 제약에서, 2030년부터는 우라늄 농축에 부과된 제한에서 벗어날 수 있기 때문이다. 이스라엘과 사우디아라비아, 그리고 미국 내 강경파들이 집중적으로 문제를 제기한 부분도 바로 이 지점이었다. 당장 급한 불은 껐지만, 나중엔 더 큰불이 될 수 있다는 논리이다. 그러나 이란의 미래 핵 활동도 엄격한 검증을 전제로 한 것이어서, 이란이 IAEA 사찰단을 추방하고 NPT에서 탈퇴하는 초강수를 두지 않는 한 핵무기 개발로 이어지기는 쉽지 않다.

이란 핵 협상이 이란의 핵무기 개발 차단과 국제사회의 경제제재 해제를 맞바꾸는 것인 만큼, 제재 해제 내용도 주의 깊게 살펴볼 필요가 있다. 제재는 크게 미국과 유럽연합(EU)의 독자적 제재 및 유엔 안보리를 통한 제재 두 가지로 나뉜다. 유엔 안보리의 제재는 무기 분야를 제외하고 곧바로 해제되었다. 반면 미국과 EU의 제재 해제는 IAEA의 검증이 끝난 뒤에 해제하기로 했다. IAEA는 2015년 연말까지 이란 시설에 사찰을 실시했고 그 결과를 보고서로 제출했다. 이에 힘입어 미국과 유럽연합도 제재 해제 조치에 들어갔다. 이란의 재래식 무기 및 미사일 금수 조치에 대한 타협도 이뤄졌다. 미국은 금수 조치의 연장을, 이란은 이에 반대했었다. 결국 타협 지점은 재래식 무기는 5년, 미사일은 8년을 연장하는 것에서 이뤄졌다.

유망한 요소들

이란 핵 협상이 타결될 수 있었던 핵심적인 요인은 무엇이었을까? 세 가지가 주효했다. 첫째는 미국-이란 양자 협상에 맡겨두지 않고 이해 당사국들이 적극적으로 관여했다는 것이다. 영국·프랑스·독일·중국·러시아는 협상 당사자로 참여해 조율 및 촉진 역할을 했고, 오만과 터키 등 '장외 플레이어'들은 미국과 이란 협상을 적극적으로 중재하고 나섰다. 이들 두 나라는 미국과 이란 모두에 비교적 우호 관계에 있으면서 '협상 타결은 충분히 가능하다'는 점을 양국에 지속적으로 전달했다.

둘째는 미국과 이란 정부의 적극적인 협상 의지였다. 오바마 행정부는 개혁파 대통령인 하산 로하니의 집권기가 핵 협상의 마지막 기회라고 여겼다. 이란 역시 오바마의 적극적인 의지를 높이 평가했다. 특히 2013년 11월 1차 합의, 2015년 4월 초 잠정 합의를 거치면서 숱한 이견에도 불구하고 이미 합의한 사항을 이행함으로써 신뢰를 쌓을 수 있었다. 이는 결국 양측 정부 사이에 '화학 작용'을 일으키면서 최종 합의에 도달하는 결과로 이어졌다.

끝으로 선택과 집중이다. 오바마는 이란이 핵무장에 성
공하거나 이를 저지하기 위해 이스라엘이 공습에 나서 전쟁
이 터지는 걸 막는 것을 최우선 순위로 삼았다. 이에 따라
무기 금수 조치와 이란의 테러집단과의 연루설, 그리고 탄
도미사일 문제 등에 대해서는 유연한 태도를 보였다. 로하니
의 핵심 목표는 '부당한 제재' 해제로 맞춰졌다. 평화적 핵
이용 제한과 군사시설 사찰 허용 등 이란이 주권사항이라
고 주장했던 문제를 상당 부분 양보한 데에는 이란이 직면
한 최대 문제는 경제 문제라는 인식이 확고했기 때문이었다.
이렇듯 양측이 협상의 목표를 분명히 함에 따라 다른 문제
들이 협상을 무산시킬 정도의 걸림돌이 되는 것을 막을 수
있었다.

그렇다면 한반도 문제 해결에 있어서 이란 핵 협정은 어
떤 함의를 내포하고 있을까? 세 가지 측면에서 찾을 수 있
다. 첫째는 이란 핵 협정은 북미협상과 더불어 다자회담도
추진할 수 있는 근거가 될 수 있다. 남북미중 4자회담이나
일본과 러시아를 포함한 6자회담의 부활이 바로 그것이다.
둘째는 선택과 집중이다. 트럼프 행정부처럼 한반도 비핵화
에 이것저것 섞지 말고 핵 문제에 초점을 맞추는 게 중요하

다. 이와 관련해 블링컨은 "트럼프는 미국 및 동맹국들에게 가장 심각한 위협, 즉 북한의 핵무기와 핵무기 제조 수단에 초점을 맞춰야 한다"고 주장한 바 있다. 끝으로 '동시 행동'이다. '선 비핵화, 후 제재 해결' 방식이 대북정책 실패의 핵심적인 요인이었던 반면에, 이란 핵 협정은 이란의 파격적인 양보와 경제 제재의 대폭적인 완화 사이의 맞교환이었다.

이 밖에도 세 가지 정도 참고할 만한 요소를 찾아볼 수 있다. 하나는 포괄적공동행동계획(JCPOA)이 159쪽 분량의 합의문을 담고 있었던 것과 마찬가지로 대북협상도 가능한 구체적이고 적확한 합의를 시도해야 한다는 것이다. 이는 빈 구멍과 해석상의 차이를 최소화해 '디테일 속에 있는 악마'를 제거하는 데 도움이 된다. 또 하나는 이란 핵 협정과 마찬가지로 대북협상에서도 실질적인 경제 제재 해제를 추진하면서 '스냅 백'을 명문화하는 것이다. 아울러 이란이 농축 우라늄을 러시아로 반출했던 것과 흡사하게 북핵 폐기 방식으로 핵물질과 핵무기를 러시아로 반출하는 방안도 협의해볼 가치가 있다.

바이든 행정부의 희망처럼 이란과의 협상 사례가 한반도 문제를 풀 수 있는 '최선의 모델'이 될 수 있는지는 아직 알 수 없다. 우선 바이든 행정부가 이란 핵 협정에 복귀할 것인지부터 불분명하다. 이스라엘은 이를 저지하기 위해 총력을 기울이고 있다. 2021년 6월로 예정된 이란 대선에서 강경파가 집권하면 불확실성은 더욱 고조된다. 이처럼 이란 핵 협정의 운명 자체가 불분명한 상황에서 북핵 해결의 '최선의 모델' 운운하는 것은 어색한 일이다. 바이든 행정부가 조속히 이란 핵 협정에 복귀하면서 대북정책 재검토에 나서야 할 이유이기도 하다.

그런데 이란 핵 협정의 부활이 대북정책의 '청신호'만 되는 것은 아니라는 점을 인식하는 것도 중요하다. 앞서 언급한 이란 핵 협정이 대북정책에 있어서 유망하고 참고할 만한 요소들은 있다. 또 이란 핵 협정이 되살아나면 바이든 행정부가 대북정책에 좀 더 집중할 수 있는 여력도 생길 수 있다. 동시에 '풍선효과'가 일어날 수 있다는 점도 간과해서는 안 된다. 이에 대해서는 4장에서 자세히 다뤄보기로 한다.

3. 전략적 인내 시즌 2

조지 W. 부시 행정부(2001년 1월~2009년 1월)와 버락 오바마
행정부(2009년 1월~2017년 1월)를 비교해보면 매우 흥미로운
대목을 발견하게 된다. 부시 행정부야말로 북한위협론을 꽃
놀이패로 적극 활용했다. 대북협상을 중단하고 북한 위협
을 이유로 MD(미사일방어체제)를 밀어붙였던 것이 대표적이
다. 이랬던 부시 행정부는 이라크 전쟁 여파로 네오콘이 줄
줄이 물러나자 북한과 직접 대화에 나섰다. 이는 6자회담과
선순환을 형성하면서 짧게나마 한반도 정세의 호전을 가져
왔다. 부시는 퇴임 직전에 이렇게 자평했다. "6자회담을 통
해 한반도 비핵화의 진전을 이뤄냈습니다."

반면 오바마는 2008년 대선 유세 때 부시의 대북정책에
맹공을 퍼부으면서 북한과의 직접 대화, 특히 북미정상회담
의사까지 피력했었다. 하지만 그는 이내 '전략적 인내'로 후
퇴했다. 그 결과 북미 직접 대화도 별로 없었고 6자회담은
그의 재임 기간에 한 번도 열리지 않았다. 이 사이에 북한
의 핵과 미사일 능력은 비약적으로 성장했다. 오바마는 집

권 첫해에 '핵무기 없는 세계'를 주창해 노벨평화상을 수상했지만, 자신의 임기 동안 사실상 핵보유국이 하나 늘어나는 결과를 목도해야만 했다. 오바마는 후임자인 트럼프에게 이런 말을 남기고 백악관을 떠났다. "미국의 최대 도전은 북핵 문제가 될 겁니다."

이처럼 '가능성의 영역'인 정치외교에서는 '정해진 미래'가 존재하지 않는다. 바이든 시대 미국의 대북정책 역시 마찬가지이다. 이와 관련해 우선적인 관심사는 바이든 행정부가 오바마 때의 '전략적 인내'를 답습할 것인가의 여부이다. 많은 전문가는 그 가능성을 낮게 본다. 북한의 핵 능력이 미국 본토에 위협을 가할 수준에 도달하고 있는 만큼, 미국이 전략적 인내를 택하기 힘들 것이라는 게 주된 근거이다. 또 미국 조야에서도 전략적 인내에 대한 비판이 많았던 만큼 바이든 행정부가 새로운 접근을 시도할 것이라는 전망도 많다.

실제로 블링컨은 2019년 1월에 "과거 행정부들이 추구했던 정책은 효과가 없었다"며 새로운 대북정책의 필요성을 인정하기도 했다.[61] 아울러 전략적 인내를 주문했던 이명박-박근혜 정부와 달리 문재인 정부는 적극적인 대북협상을 희망하고 있다. 이러한 점들을 종합해볼 때, 바이든 행정부가 전략적 인내를 공식적으로 표방하지는 않을 것이다. 하지만 내용적으로는 이를 답습할 가능성을 배제할 수 없다.

전략적 인내의 기원

본격적인 논의에 앞서 전략적 인내의 기원부터 살펴볼 필요가 있다. 이 표현은 스티븐 보즈워스 대북정책 특별대표가 2009년 12월 평양을 다녀온 직후에 힐러리 클린턴 국무장관의 입에서 처음 나왔다. 그는 이렇게 말했다. "우리가 취하는 접근은 6자회담 참가국과의 긴밀한 조율을 통한 전략적 인내이다." 애초 취지는 북한이 6자회담 복귀를 주저하고 있는 상황에 대해 미국을 비롯한 6자회담 참가국들은 인내심을 가져야 한다는 것이었다.

---

61) https://www.cbsnews.com/news/former-deputy-secretary-of-state-antony-blinken-grades-trumps-foreign-policy/

그런데 전략적 인내는 시간이 지나면서 이상하게 변질됐다. 당초 2010년 4월이나 5월에 김계관 북한 외무성 부상이 워싱턴을 방문할 예정이었다. 그리고 북미회담에서 6자회담 재개를 발표할 가능성도 높게 점쳐지고 있었다. 하지만 3월 26일 천안함이 침몰하면서 한반도는 이상 기류에 휩싸였다. 사건 초기 북한의 소행 여부에 대해 신중했던 이명박 정부는 보수언론의 강경 여론몰이와 6·2 지방선거를 앞두고 '북풍'의 유혹에 빠지면서 강경론으로 선회하고 말았다. 이에 따라 5월 20일 수많은 의문과 문제점에도 불구하고 "북한의 어뢰 공격에 의해 천안함이 침몰했다"고 결론지었다. 이로써 김계관의 방미는 오리무중에 빠졌고 북한의 소행 여부를 둘러싼 극심한 갈등이 부상했다.

7월 들어 북한은 조건 없이 6자회담에 복귀하겠다는 의사를 피력했다. 중국과 러시아는 북한의 입장을 환영했다. 그러나 한미일은 6자회담을 거부하면서 오히려 군사훈련을 대폭 강화했다. 이후에도 북한은 여러 차례에 걸쳐 조건 없는 6자회담 복귀 의사를 피력했지만, 오바마 행정부는 "북한의 비핵화에 대한 진정성이 부족하다"며 "대화를 위한 대화는 하지 않겠다"는 기조를 유지했다. 이러한 오바마의 전략적 인내는 이명박 정부의 '기다리기 전략'과 궁합이 잘 맞아 들어갔다. 이를 두고 〈워싱턴포스트〉는 오바마의 대북 정책은 "한국의 판단을 지켜보고 한국이 가고자 하는 곳을 따라가겠다"는 것이라며 '지켜보고 따라가기 정책(wait-and-follow policy)'이라고 혹평했다.[62]

오바마 행정부의 이러한 선택은 좀 더 큰 틀에서 바라볼 필요도 있다. 미일관계 및 미중관계가 바로 그것이다. 미국의 동아시아 전략의 기축인 미일동맹은 일본 민주당의 하토야마 정권이 '대등한 일미관계'와 '동아시아 공동체'를 주창하면서 갈등 기류에 휩싸였었다. 특히 하토야마는 오키나와 후텐마 미군기지를 오키나와 북부에 있는 헤노코로 이전하기로 했던 자민당 시절의 합의를 번복하고 오키나와 밖으로의 이전을 요구했다. 이는 오키나와를 동아시아의 핵심 기지로 삼으려고 했던 미국의 입장과 충돌하는 것이었다.

이 와중에 발생한 천안함 침몰은 미국이 자신의 입장을 관철하는 빌미로 활용되었다. 일본을 압박해 "한반도 인근의 고조되는 긴장과 미일동맹의 중요성을 고려해" 헤노코

---

62) The Washington Post, October 6, 2010.

로의 이전 계획을 관철시켰다. 그리고 하토야마는 "미국과 일본이 신뢰를 유지해야 하기 때문에 일미 합의에 우선순위를 두어야만 했다"며 총리직에서 물러났다. 공교롭게도 이러한 상황 전개는 천안함 침몰 원인과 6자회담에 대한 미국의 태도 변화와 맞물려 진행됐다.

오바마 행정부 역시 초기에는 천안함 침몰이 북한의 소행이라는 일각의 주장에 거리를 두려고 했었다. 하지만 이명박 정부 발표 직후 이에 동조했다. 또한 '조건 없는' 6자회담 재개를 촉구했다가 북한이 복귀 의사를 밝히자 조건을 내걸었다. 비핵화에 진정성을 먼저 보이라는 것이었다. 북한이 천안함을 침몰시키고 비핵화에 진정성이 없다는 주장이 미일동맹 강화의 토대가 된 것이다.

미중관계에도 중대한 변화가 일어나고 있었다. 오바마 행정부는 집권 초기 미중 협력에 방점을 찍으려고 했다. 힐러리 클린턴 국무장관이 "대만, 티베트 인권문제에 대해 중국에 압력을 가하는 것은 글로벌 경제 위기, 기후 변화, 안보 위기를 고려할 때 우선순위가 되기 힘들다"고 말한 것에서도 이러한 기류를 읽을 수 있었다. 오바마는 2009년 11월 일본 도쿄에서 "미국은 중국 봉쇄를 추구하지 않겠다"며,

오히려 "강하고 번영하는 중국의 부상은 국가 간의 공동체 구축을 위한 힘의 원천이 될 것"이라며 중국의 부상을 환영한다는 입장을 내놓았다. 〈2010년 국가안보전략(NSS) 보고서〉에서도 "실용적이고 효과적인 미중관계의 구축이 21세기 중대한 도전을 해소하는데 필수적"이라며, "중국과 적극적이고, 건설적이며, 포괄적인 관계를 추구할 것"이라고 밝혔다.[63]

그러나 2010년 들어 미중관계에 이상 기류가 발생하기 시작했다. 미국은 1월에 블랙호크 헬기와 최신형 패트리엇인 PAC-3을 비롯해 64억 달러에 달하는 대만 무기 수출 승인을 의회에 요청했다. 2월에는 오바마가 티베트의 정신적 지도자인 달라이 라마를 백악관에서 면담했다. 중국이 가장 민감하게 반응해온 대만과 티베트 문제로 중국과의 정면충돌도 불사한 것이다. 뒤이어 발생한 천안함 침몰은 양국의 갈등이 군사안보 영역에서도 본격화된 계기가 되고 말았다. 미국의 핵추진 항공모함 조지워싱턴호의 행보와 이에 대한 중국의 대응이 이를 잘 보여주었다. 조지워싱턴호는 7월초 모항인 일본의 요코스카를 떠나 7월 하순 동해를 거쳐 8월

---

63) The White House, National Security Strategy, May 2010.

에는 베트남에 정박했다. 베트남은 남중국해 영유권을 둘러싸고 중국과 갈등하고 있는 대표적인 국가이다. 한미, 미일 연합훈련이 강화되고 한미일 3자 훈련도 실시되었다.

그러자 중국은 미국이 천안함 사태를 대중 봉쇄 강화의 구실로 삼고 있다는 강한 의구심을 나타냈다. 강력한 외교적 항의 및 경고와 함께 실탄 사격 훈련 등 대응시위에 나서는 한편, '항모 킬러'라고 불리는 탄도미사일을 공개하기도 했다. 급기야 미국은 2011년 들어 중국 견제와 포위를 염두에 둔 '아시아로의 귀환'(나중에 '아시아 재균형 전략'으로 명칭을 변경함)을 선언했다. 한-미-일, 미-일-호주, 미-일-인도 등 다양한 3자 군사협력 관계를 강화하겠다는 것이 핵심 골자였다. 이에 대해 중국은 "미국이 군사력과 동맹을 더욱 강화해 중국을 봉쇄하기를 원하고 있다"고 반발했다. 6자회담에 대한 이견도 확연해졌다. 2010년 초까지만 하더라도 미국은 중국에게 북한의 6자회담 복귀를 설득해달라고 요청했었다. 그러나 북한이 6자회담에 다가서자 미국이 물러섰다. 그럴수록 미국의 의도에 대한 중국의 경계심도 커져갔다.

정리하자면, 오바마 행정부의 전략적 인내와 아시아 재균형 전략은 동전의 앞뒤 관계에 있다. 6자회담 재개에 까다로운 조건을 내걸면서 북핵 위협을 이유로 대북제재와 더불어 한미일 군사협력을 강화하겠다는 것이 전략적 인내의 본질이었다. 그리고 그 목표는 북한뿐만 아니라 중국을 겨냥한 아시아 재균형 전략의 본격화였다. 이에 따라 오바마 행정부의 전략적 인내가 실패했기 때문에 바이든 행정부가 이를 계승하지 않을 것이라는 주장은 미국을 몰라도 너무 모르고 하는 소리다. 바이든이 트럼프의 정책 가운데 거의 유일하게 계승·강화하고 있는 것이 중국을 겨냥한 인도-태평양 전략이기에 더욱 그러하다.

바이든 행정부의 대북정책은?

앞서 언급한 것처럼 바이든 행정부가 전략적 인내라는 명칭을 사용할 가능성은 없다. 하지만 내용적으로 전략적 인내를 답습하거나 오히려 강화할 가능성이 높다. 우선 바이든이 대선후보 때 밝힌 대북정책 방향이 전략적 인내와 흡사하다. 그는 대선후보 내내 트럼프와 김정은의 정상회담에 대해 비판적인 입장을 쏟아냈었다. 다만 10월 22일 마지막

TV 토론에서는 "김정은이 북한의 핵 능력을 감축하는 데에 동의한다면" 만날 의사가 있다고 밝혔다. 성과가 담보되지 않은 정상회담은 임하지 않겠다는 것인데, 이는 정상회담을 통해 성과를 만들려고 했던 트럼프 행정부와는 차이가 있는 것이다. 또 북한이 모든 핵무기와 미사일 프로그램을 포기할 때까지 강력한 제재를 유지할 것이고 제재 완화에 대해서도 "북한이 중대한 핵 폐기 조치를 취해야 한다"는 까다로운 조건을 제시했다.[64]

대북제재는 오바마 행정부 시기 전략적 인내의 핵심 도구였다. 제재를 강화하면 북한이 굴복하거나 무너질 것이라고 믿거나 믿는 척 했다. 또 제재를 가하면 북한이 핵과 미사일 개발에 필요한 자금과 물자를 확보하기 어려울 것이라고도 여겼다. 결과는 반대였다. 북한의 핵과 미사일 능력은 비약적으로 강해졌고 김정은 정권은 안착했다. 제재 위주의 접근이 대북정책 실패의 중대 원인이었던 것이다. 그런데 위에서 소개한 것처럼 바이든 역시 제재에 대해 대단히 경직된 견해를 내비쳤다.

---

64) https://www.cfr.org/article/joe-biden

바이든 행정부가 앞으로도 제재를 대북 압박의 핵심적인 도구로 삼을 것인가의 여부는 대북정책 재검토의 핵심적인 내용이다. 이와 관련해 정책 재검토를 주도하고 있는 블링컨조차도 혼란스러움을 내비쳤다. 그는 1월 19일 인준 청문회에서 "미국이 해당 정권과 정부에 강한 불만이 있고 특정한 조처를 하더라도 해당 국민에게 해롭지 않는 방식이 되도록 최선을 다해야 한다"고 말했다. "안보적 측면만이 아니라 인도주의적 측면도 유의하고 있음을 확실히 하고 싶다"는 것이다. 이러한 발언의 행간에는 제재의 '비인도성'에 대한 자각이 묻어 있다. 그런데 보름 후에는 "한반도 비핵화를 증진시킬 수 있는 가장 효과적인 도구들을" 찾고 있다며, "추가 제재"도 그 목록에 포함될 수 있다고 시사했다. 분명한 것은 바이든 행정부가 대북제재에 대한 생각을 크게 바꾸지 않으면 '전략적 인내 시즌 2'가 될 가능성이 매우 높아진다는 것이다.

외교 전문가이자 바이든 행정부의 국내정책 총괄을 맡게 된 수전 라이스의 주장도 주목할 필요가 있다. 그는 북미 간에 위기가 고조되던 2017년 8월 10일 〈뉴욕타임즈〉 기고문을 통해 미국은 "북한이 금지선을 넘지 않는 한" 북한의 핵무장을 감내할 수 있다고 주장했다. "수천 개의 핵무기를 보유한 소련을 감내했던" 미국이 소련보다 훨씬 핵 능력이 떨어지는 북한의 핵 보유도 감당하지 못할 이유는 없다는 것이다. 라이스가 이런 주장을 한 데에는 북핵 감내가 전쟁보다는 낫다는 현실적인 판단이 깔려 있다. 동시에 북핵 대처 방안으로 대북억제력 강화, 미국의 호전적인 언사 자제, 동맹국들과 MD 능력 및 대북제재 강화, 중국과의 협의를 제시했다. 이러한 정책 제안은 오바마의 전략적 인내 시기의 대북정책 내용과 거의 일치하는 것이다.

바이든과 그의 참모진이 아시아에서 '현상 유지'를 선호해왔다는 점을 인식하는 것도 중요하다. 그가 부통령으로 있었고 그의 참모진이 외교안보 고위 관리를 맡았던 오바마 행정부의 동아시아 정책은 '아시아 재균형 전략'과 '전략적 인내'로 압축된다. 그런데 앞서 언급한 것처럼 전략적 인내는 아시아 재균형 전략과 동전의 앞뒤 관계에 있었다. 시기적으로도 두 정책은 2010년부터 본격화되었는데, 이는 결코 우연이 아니었다. 북한 위협을 구실로 삼아 한미·미일동맹을 강화하고 한미일 군사협력을 구축해 중국을 견제·포위하는 데에 방점을 찍었기 때문이다. 이러한 맥락에서 볼 때, 전략적 인내와 아시아 재균형 전략은 오바마 행정부가 미국에게 유리한 현상을 유지하기 위해 고안한 것이다.

바이든 진영이 트럼프의 외교정책을 비난하는 초점도 여기에 맞춰졌었다. 트럼프가 김정은과의 친분을 우선시하면서 미국의 동아시아 동맹을 약화시켰다는 것이다. 이러한 맥락에서 볼 때, 바이든 행정부는 적극적인 대북협상보다는 북한의 위협을 근거로 동맹 강화 및 한미일 군사협력 복원에 중점을 둘 가능성이 높다. 북한의 핵 능력뿐만 아니라 중국에 대한 미국의 경계심이 이전보다 높아졌기에 이러한 전망은 더욱 설득력을 지닌다. 블링컨이 국무장관 취임 직후 일본 및 한국의 외교장관과 가진 전화통화에서 가장 강조한 것도 '동맹 강화'와 '한미일 협력'이었다. 2021년 3월 중순 일본 및 한국과 연쇄적으로 가진 외교·국방장관회담에서도 이러한 기조를 더욱 분명히 했다. 이렇듯 미국이 동맹국들과 함께 북한과 중국을 겨냥한 군사적 억제에 방점을 찍는다면, 전략적 인내를 답습할 가능성은 더더욱 커진다.

이와 관련해 평양 주재 영국대사를 지낸 존 에버라드의 분석을 주목할 필요가 있다. 그는 "정책은 협상에 임하는 양측이 상대방에게 현재 상황보다 더 솔깃한 카드를 제시하는 수준에 이르러 양측 모두 거래를 받아들이기로 결심할 때 비로소 통한다"고 강조한다. 그런데 "미국은 북한이 집착하고 있는 핵을 포기하게 할 정도로 값진 협상 카드를 내놓기가 어렵다"고 주장한다. 또 "미국은 북한이 예상을 뛰어넘는 협상 의지를 보일 경우에만 대화에 나설 공산이" 큰데, 북한이 이런 의지를 보일지에 대해서도 회의적이다. 그래서 바이든 행정부가 원하든 그렇지 않든 전략적 인내가 바뀔 가능성이 낮다고 본다.[65]

미국인들의 북한에 대한 여론도 주목할 필요가 있다. 시카고 국제문제위원회의 2020년 7월 조사에 따르면, 응답자의 51%가 북핵 문제를 미국이 직면한 중대 위협이라고 답했다. 동시에 협상을 통해 북한의 핵 포기를 이끌어낼 수 있다고 답변한 사람은 14%에 불과했다. 아울러 북핵 시설에 대한 공습에 찬성하는 비율은 29%로, 북핵 시설을 제거하기 위해 미군 투입을 지지한 비율은 24%로 나타났다. 주목할 점은 이러한 수치들 모두 역대 최저치를 기록했다는 데

---

65) 존 에버라드, '바이든의 전략적 인내, 바뀔 가능성은 희박', 중앙일보, 2021년 2월 26일.

에 있다.[66] 이는 바이든 행정부가 전략적 인내를 선택할 가능성을 높여준다. 북핵에 대한 위협 인식도, 협상을 통한 해결 전망도, 무력을 통한 북핵 제거 지지도 모두 최저치를 기록했다는 것은 그만큼 미국인들이 북핵 문제를 시급한 과제로 인식하지 않고 있다는 것을 말해주기 때문이다.

나는 2부에서 전략적 인내는 미국만의 선택지가 아니고 북한이 택한 노선 역시 '북한식 전략적 인내'라고 진단한 바 있다. 그리고 위에서 바이든 행정부도 내용적으로 전략적 인내를 답습할 가능성이 높다고 주장했다. 전략적 인내 시즌 1에서는 미국이 대화에 다가서면 북한이 멀어지고 북한이 대화에 다가서면 미국이 멀어지는 양상을 보였었다. 그런데 시즌 2에서는 북미 양측 모두 협상에 나설 동기 자체를 갖지 않을 수 있다. 때론 위기도 대화도 있겠지만 협상다운 협상이 없을 가능성이 매우 높다. 바이든 행정부가 대북정책을 대중전략의 하위 변수로 간주하고 한국 못지않게 일본의 입장을 중시하는 경향이 강하기에 더욱 그러하다.

바이든 행정부가 새로운 대북 접근을 선택할 수 있는 기

---

66) https://www.thechicagocouncil.org/research/public-opinion-survey/
americans-positive-south-korea-despite-trumps-views-alliance

회는 있었다. 바로 3월 한미연합훈련의 취소였다. 바이든 행정부의 외교안보팀 대다수가 오바마 행정부 때 사람들이라는 점에서 이들은 2009년 상반기에 벌어진 일을 잘 알고 있다. 당시 오바마 행정부는 한편으로는 대북 특사 파견을 타진하고 다른 한편으로는 한미연합훈련을 준비했었다. 이에 대해 북한은 미국이 3월로 예정되었던 한미연합훈련 중단을 요구했다. 북한은 이를 거부당하자 "대화와 대결은 양립할 수 없다"며 미국의 특사 파견 제의를 거절하고 4월에 위성발사를 강행했다. 미국은 이를 유엔 안보리로 가져갔다. 어떤가? 2021년 봄에 벌어지고 있는 일과 너무나도 닮은꼴이지 않은가?

아마도 바이든 행정부가 가장 선호하는 대북정책은 '전략적 관리'가 될 것이다. 가급적 한반도 긴장 고조를 피하고 핵동결 등의 방식을 통해 북한의 핵과 미사일 능력이 증강되는 것을 최소화하려고 할 것이다. 동시에 북한 위협을 이유로, 본질적으로는 중국을 견제·봉쇄하기 위해 한미·미일 동맹 및 한미일 안보협력 강화도 추구할 것이다. 바이든이 취임 후 첫 기자회견에서 "중국이 미국을 초월해 세계 최강국이 되는 일은 없을 것"이라고 말한 것도 이러한 전망을 뒷받침해준다. 그러나 한미·미일동맹 및 한미일 안보협력 강화와 한반도 비핵화 진전은 양립할 수 없다. 미국의 의도대로 북한이 '관리'될 대상도 아니다. 이 당연한 이치를 모른 척 하는 한, 바이든의 대북정책은 '전략적 인내의 시즌 2'가 될 것이다.

4. MD를 주목하라

바이든 행정부의 대북정책 방향과 관련해 지금까지는 거의 관심 받지 못했지만 반드시 주목해야 할 부분이 있다. 바로 미사일방어체제(MD)이다. 빌 클린턴 행정부 이래로 미국의 역대 행정부들은 MD의 최대 구실로 북한을 내세워왔다. 이는 바이든이 부통령으로 있었던 오바마 행정부 시기에도 마찬가지였다.

오바마 행정부는 취임 초기에 보수와 진보의 상반된 요구에 직면해 있었다. 진보파들은 금융위기로 인해 국방비 삭감이 불가피하다며 대표적인 낭비성 사업으로 MD를 지목하고는 관련 예산 삭감을 시도했었다. 그러나 보수파들은 MD를 오바마의 안보정책의 시금석으로 삼으면서 공세를 폈다. 결국 오바마는 강경파들의 손을 들어줬다. 북핵 위협을 이유로 MD를 차질 없이 추진하기로 한 것이다.

오바마 행정부가 북한의 장거리 로켓 발사와 핵실험을 규탄·제재하면서도 이를 기회로 간주한 것도 이러한 맥락에서 이해할 수 있다. 이를 잘 보여준 장면이 2009년 7월 한미일 국방회담이었다. 이 회담에서 마이클 쉬퍼 국방부 동아시아-태평양 담당 부차관보는 "북한이 대류간탄도미사일(ICBM) 능력을 갖춘 핵보유국이 되려고" 한다며, "미국의 대북정책은 동맹국과의 협력을 강화하는데 맞춰져 있다"고 강조했다. 그가 강조한 협력이란 MD를 기반으로 삼는 한미일 군사협력 강화였다. 이 자리에 함께 한 에드워드 라이스 주일미군 사령관은 북한의 장거리 로켓 발사와 핵실험은 "3자 MD 협력을 제고할 수 있는 좋은 기회(good chance)"라고까지 말했다.

힐러리 클린턴의 발언도 이의 연장선상에서 이해할 수 있다. 그는 국무장관에서 퇴임한 직후인 2013년 6월 4일 골드만삭스가 주최한 '비공개' 연설에서 이렇게 말했었다. "북한이 주기적으로 문제를 일으키고 있지만 이는 굳이 나쁘게 볼 필요가 없으며 오히려 미국의 입장에서는 반길 만하다." 클린턴은 트럼프와 맞붙은 2016년 대선에서도 "나는 국무장관 시절 우리의 동맹인 일본, 한국과 함께 북한 위협에 대처하기 위해 MD를 구축했다"며, "이것이 동맹의 힘이다"라고 주장하기도 했다.

유독 '북한'만 언급한 이유는?

바이든 행정부에서도 비슷한 기류가 나타나고 있다. 다양한 관점에서 대북정책을 재검토하면서도 대북억제력 강화를 기본으로 삼으면서 MD를 억제 전략의 핵심으로 삼겠다는 의사를 분명히 하고 있는 것이다. 이와 관련해 존 하이튼 미국 합참차장이 2021년 2월 하순에 밝힌 입장을 주목할 필요가 있다. 그는 수십 년간 핵태세, MD, 우주군 등 전략 분야에 참여해온 인물이다. 하이튼은 "우리의 MD 능력은 현재 중국, 러시아, 이란이 아니라 분명히 북한에 초점이 맞춰져 있다"고 강조했다.[67]

이 발언은 많은 것을 생각하게 한다. 우선 하이튼이 북한만 꼭 집어서 거론한 이유가 무엇일까? 핵미사일 능력으로 따지면, 또 미국이 경쟁 대상으로 중국과 러시아를 거론해온 점을 고려하면, MD의 우선적인 대상은 중국과 러시아가 되어야 할 것이다. 그러나 미국은 MD를 하면서도 중국 및 러시아를 직접 거명하는 것을 꺼린다. 이들 나라와 경쟁 관

---

67) https://www.csis.org/analysis/missile-defense-and-defeat-conversation-vice-chairman

계에 있지만 '전략적 안정'도 중시하기 때문이다. 이는 거꾸로 미국이 MD는 중국과 러시아를 겨냥한 것이라고 밝히는 순간, '전략적 모호성'마저 사라진다는 것을 의미한다. 여기서 '전략적 모호성'이라는 애매한 표현은 미국 주도의 MD가 중국 및 러시아를 염두에 두면서도 이를 공식화하지는 않는 것을 의미한다.

그럼 이란은 어떨까? 이란 역시 미국이 과거에는 MD를 추진하면서 내세운 적대국의 하나였다. 이란은 2020년 1월에 미국의 거셈 솔레이마니 암살에 대한 보복으로 이라크의 미군기지 두 곳에 탄도미사일 공격을 가하기도 했었다. 그런데 바이든 행정부는 이란 핵 협정 부활에 상당한 공을 기울이고 있다. 이런 상황에서 이란을 겨냥해 MD를 구축하겠다고 하면 이러한 외교적 노력과 상충되고 만다. 앞서 언급한 '풍선효과'는 이러한 맥락에서 이해할 수 있다. 미국이 MD는 하고 싶은데 이란을 직접 거론하는 게 부담스러운 만큼, 북한에서 그 구실을 찾으려는 악습이 되살아나고 있기 때문이다.

과거에도 이러한 경향은 있었다. MD의 최대 구실로 북한을 내세웠던 조지 W. 부시 행정부는 임기 후반부에 북한과의 협상을 선택하면서 이란 위협을 이유로 유럽 MD 배치에 가속 페달을 밟았었다. 거꾸로 오바마 행정부는 이란과의 협상을 본격화하면서 북한 위협을 이유로 동아시아 MD에 박차를 가했다.

당연한 말이지만 MD는 누군가 미사일을 이용해 미국이나 미국의 동맹국을 공격하려 한다는 가정이 있어야 성립된다. 그리고 미국은 오랫동안 이러한 무모한 국가로 북한을 지목해왔다. 'MD 보일러'라는 별명을 갖고 있었던 도널드 럼스펠드가 대표적이었다. 그는 부시 행정부의 초대 국방장관 재직 시절에 일본의 진주만 공습을 운운하면서 북한이 탄도미사일을 이용해 미국이나 동맹국을 기습 공격할 수도 있다고 주장했었다. 북한에는 군사적 억제도 통하지 않으니 MD가 필요하다는 취지였다. 20년 후에 하이튼도 이와 유사한 주장을 내놨다. 그는 MD 명분으로 북한을 콕 집으면서 이렇게 말했다.

"북한이 실제로 우리에게 미사일을 발사할 뻔한 순간이 있었다. 그래서 우리는 북한의 미사일을 요격할 수 있는 능력을 갖기를 원한 적이 있었다. 나는 2017년에 그 문제를 경험했으면서도 김정은과 북한이 실제로 핵탄두를 장착한 탄도미사일을 사용하려고 했던 가능성을 깨닫지 못한 사람이 있다면 그에게 도전하고 싶다. 우리에게는 북한의 위협을 격퇴할 수 있는 더 나은 방식이 필요한 것이다."

만약 하이튼의 걱정처럼 북한이 미국이나 동맹국을 향해 핵미사일을 쏜다면 북한은 어떻게 될까? 미국의 정보기관을 포함해 대부분의 민관 기관과 전문가들은 북한이 '생존'을 위해 핵무장을 하고 있다고 말한다. 이에 따라 이러한 질문 자체가 앞뒤가 맞지 않는다. 한편으로는 북한의 핵무장 동기가 '생존'에 있다고 하면서도, 다른 한편으론 북한이 마치 '자살'을 선택할 것처럼 가정하고 있기 때문이다. 하지만 이 질문은 매우 유용하다. 잠시만 생각해보면, "미국이 북한을 먼저 공격하지 않는 한, 북한이 핵미사일로 미국이나 동맹국을 공격할 리 없다"는 합리적 판단력을 회복할 수 있기 때문이다.

사라진 논쟁

MD는 1950년대 후반 핵탄두 장착 미사일 등장 이후 미국을 비롯한 국제사회의 가장 큰 논쟁거리 가운데 하나였다. 기술적인 타당성에서부터 막대한 예산과 국제 평화와 안정에 미치는 영향에 이르기까지 논쟁거리는 한두 가지가 아니었다. 특히 미국이 1990년대 이후 MD의 최대 구실로 북한을 내세우고 한국을 MD 전초기지로 삼으려고 하면서 이 문제는 국내에서도 '뜨거운 감자'였다.[68] 그러나 어느덧 국내외에서 MD 논쟁은 사라지다시피 했다. 북핵 위협에 맞서 당연히 해야 할 것처럼 간주되고 있는 것이다.

이를 잘 보여주는 장면이 있었다. 한국에서 사드 논란이 한창 벌어지고 문재인 정부가 갓 출범한 2017년 5월 말에 미국 민주당의 딕 더빈 상원 원내총무가 문재인을 예방했다. 이 자리에서 문재인 대통령이 환경영향평가 등 민주적 절차를 밟아 사드 배치 여부를 결정하겠다고 밝히자 더빈은 언론과 미국 의회를 통해 "이해하지 못하겠다"며 분통을 터트렸다. "내가 보기에 사드는 명백히 한국 국민과 그곳에 있는 우리 군을 보호하기 위한 것"이라며, "만약 내가 한국에 산다면 나는 한국 국민은 물론 그들을 지키기 위해 그곳에 주

---

68) 북핵과 MD의 오랜 악연에 관해서는 정욱식, 《MD 본색》, (서해문집, 2016년) 참조.

둔해 있는 미군을 보호하기 위해 모든 MD를 원할 것"이라고 말했다. 가히 'MD 신봉자'라고 할 수 있는 발언이었다.

그런데 더빈의 과거 행태는 이와는 완전히 달랐다. 1999년 3월 미국 상원은 국가미사일방어체제(NMD) 구축을 촉구한 공화당 주도의 법안에 97 대 3이라는 압도적인 표차로 통과시킨 바 있다. 더빈은 당시 이에 반대표를 던진 3명 가운데 한 명이었다. 또 부시 행정부가 2001년 5월 탄도미사일방어(ABM) 조약 탈퇴 의사를 밝히자 "ABM 조약 파기는 어리석은 일"이라고 비판했었다. 1972년 미국과 소련이 체결한 ABM 조약은 사실상 MD를 하지 않기로 한 것이었다. MD에 관한 더빈의 변신을 보면, '그 때는 맞고 지금은 틀리다'는 말이 절로 떠오르지 않을 수 없다.

더빈 뿐만 아니었다. 당시 야당이었던 민주당의 대다수 의원은 부시의 ABM 조약 파기 및 이에 따른 MD 추진에 강력히 반대했었다. ABM 조약을 유지하는 안보가 이 조약을 파기하고 MD를 하는 안보보다 훨씬 이롭다고 주장했었다. 하지만 부시 행정부가 9·11테러를 틈타 ABM 조약을 파기하려는 움직임에 눈감아주고 말았다. 심지어 오바마 행정부가 출범하면서 여당이 된 민주당은 공화당 못지않게 MD 신

봉자로 돌변하고 말았다. 이러한 경향은 바이든 행정부에서
도 계속되고 있다.

한국에서도 MD 논쟁은 거의 사라지고 있다. 김대중-노
무현 정부는 미국 주도의 MD에 최대한 거리를 두려고 했
다. 더불어민주당은 야당 시절에 이명박-박근혜 정부의 MD
정책에 비판적이었다. 상당수 의원들이 사드 배치에 반대했
었다. 하지만 문재인 정부 출범 이후 정부·여당의 태도는
크게 달라졌다. 문재인은 취임 첫해인 2017년 9월에 사드
임시 배치를 강행한 데 이어 10월 1일 국군의 날 연설에서
"북한 핵과 미사일 위협에 대한 대응능력 확보가 최우선"이
라며, "한국형 미사일방어체계(KAMD)를 더욱 강화해야 한
다"고 말했다.

이러한 의지를 보여주듯 문재인은 2019년 국군의 날 연
설에서 국방비를 대폭 늘려 "더 강력하고 정확한 미사일방
어체계"를 갖추겠다고 다짐했다. 대통령의 의지를 반영하듯
국방부는 '2021~2025년 국방중기계획'을 통해 역대급 MD
계획을 내놨다. 탄도탄 조기경보레이더 및 이지스함레이더를
추가 도입해 미사일 탐지 능력을 '2배 이상 강화'하고, 탄도탄
작전통제소 성능개량을 통해 표적처리능력을 '8배 이상 향

상'시키며, 패트리엇·철매-Ⅱ·장거리지대공유도무기(L-SAM)·
해상요격미사일 도입 등을 통해 요격미사일 보유량을 '3배
로' 늘리겠다는 것이다. MD에 비판적이었던 민주당 정권이
오히려 보수정권보다 이에 적극적인 모습을 보이고 있다.

미국의 속삭임

북한의 핵미사일 능력이 과거와는 판이하게 달라졌기 때문
이라고 항변할 수는 있다. 하지만 여기에는 중대한 함정이
도사리고 있다. 김대중-노무현 정부가 MD에 거리를 두려고
했던 결정적인 배경 가운데 하나는 MD가 북한의 핵·미사
일 문제 해결에 전혀 도움이 되지 않을 것이라고 여겼기 때
문이다. 세계 최강의 공격력을 갖춘 미국과 동맹국이 북한
의 미사일을 무력화시킬 MD를 강화할수록 북한은 핵과 미
사일 능력 증강으로 맞설 것으로 여겼던 것이다. 반면 미국
의 속삭임은 달랐다. MD가 핵과 미사일의 효용성을 반감시
켜 북핵 문제 해결에 기여할 수 있다고 주장했다. 누구의 말
이 맞았을까?

미국도 MD를 가속화할수록 어떤 결과가 나올지 잘 알고 있었고 지금도 모르지 않을 것이다. 미국 스스로가 한 일이 있었기 때문이다. 1960년대 들어 공격용 무기 경쟁을 벌이던 미국과 소련은 MD 경쟁에도 착수했다. 그러자 미국은 100개 이상의 미뉴트맨 지대지 핵미사일과 폴라리스 잠수함발사탄도미사일(SLBM)을 소련의 MD 기지를 겨냥해 배치했다.[69] 유사시 소련의 MD를 파괴하기 위한 조치였다. 마찬가지로 미국이 21세기 들어 MD 구축을 가속화하자, 중국과 러시아는 유사시 미국 주도의 MD를 무력화하기 위해 군사력 현대화에 박차를 가하고 있다. 북한 역시 예외는 아니다. 2부에서 상세히 다룬 것처럼 북한의 '새로운 전략무기' 및 '전술핵무기'의 주된 목표는 MD에 대응하기 위한 성격이 짙은 것이다.

이는 바이든 행정부의 대북정책 재검토 및 한미, 혹은 한미일 대북정책 협의와 관련해 중대한 함의를 지닌다. 한미일이 MD는 '당연히' 해야 할 것으로 여기면서 이에 박차를 가할수록 북한도 핵과 미사일 능력을 증강할 것이다. 반면 MD

---

69) Jeffrey Lewis, "The Nuclear Option: Slowing a New Arms Race Means Compromising on Missile Defenses," Foreign Affairs, February 22, 2021.

를 논쟁거리로 만들수록 외교의 기회도 커진다. MD가 북핵 대처에 적절한 수단이 될 수 없다는 인식이 강해질수록 대화와 협상을 통해 북핵을 우선적으로 동결하고 궁극적으로는 폐기를 추구해야 한다는 동기가 커질 수 있기 때문이다.

이와 관련해 1990년대 말 김대중-클린턴의 사례를 복기해볼 필요가 있다. 현재 한국과 미국의 집권당은 민주당이다. 이에 따라 문재인 정부 안팎에서는 양국의 민주당 정권이 의기투합해 '제2의 페리 프로세스'를 추진할 수 있다는 주장이 나온다. 이게 희망사항으로 끝나지 않으려면, MD에 대한 비판적 사고가 필요하다. 김대중 정부는 MD에 참여해 달라는 클린턴 행정부의 요구를 정중히 거절하고 외교를 통해 북한의 핵과 미사일 문제를 풀자고 강력히 요구했다. 페리 프로세스는 이러한 맥락에서 나온 것이었다.

우리는 미국의 호구가 아니다

단언컨대, MD는 1990년대 초반 이래 한반도 문제의 본질을 이해하는 데에 필수적인 '키워드'이다. MD를 들여다보면 미국 매파들의 한반도 '분할 통치(divide and rule)'가 어른거린다. 미국의 주류는 한반도의 북쪽을 MD의 최대 구실로 삼아왔다. 북한이 핵무기와 탄도미사일 개발·보유·확산 국가이고 그 지도부가 비이성적이고 예측할 수 없으며 도발을 일삼는 집단이라는 '악마화' 이미지에 편승해서 말이다. 반면 한반도의 남쪽은 MD 포섭의 대상이 되어왔다. MD의 명시적·잠재적 대상국인 북한, 중국, 러시아와 가장 가까운 곳에 있는 한국이야말로 미국에게는 최고의 지정학적 이점을 제공하기 때문이다.

결론적으로 'MD와 북핵의 적대적 동반성장'을 막기 위해서는 MD 자체에 대한 논쟁을 되살려야 한다. 논쟁거리는 한두 가지가 아니다.

① ABM 조약이 파기된 지 20년이 지난 오늘날의 세계가 과연 더 안전해졌는가?

② 과거에는 MD가 방어적 실효성이 거의 없다고 해놓고서 이제는 '신의 방패'라도 되는 것처럼 주장하는 근거는 무엇인가?

③ MD가 없는 상태에서도 최대 4만 개의 핵무기를 갖고 있던 소련을 억제하는 데에 성공했다고 자평하는 미

국이 수십 개의 핵무기를 보유한 북한을 억제할 수 없다는 것은 어떤 근거로 하는 말인가?

④ MD가 북한의 핵미사일 개발 동기를 약화시켜 비핵화에 기여할 것이라고 말했던 미국이 이제는 비핵화가 사실상 불가능해지고 있다며 MD를 더욱 강화시켜야 한다고 하는데, 그 예상되는 결과는 무엇인가?

중국 고사에 모순(矛盾)이라는 말이 있다. 말 그대로 '창과 방패'를 의미한다. 유래는 이렇다. 초나라의 한 장사꾼이 저잣거리에 창과 방패를 갖다 놓고는 "여기 이 방패는 어찌나 견고한지 제아무리 날카로운 창이라도 막아낼 수 있습죠"라고 말하고, "여기 이 창은 어찌나 날카로운지 꿰뚫지 못하는 방패가 없습죠"라고 했다. 그러자 한 행인이 "그럼, 그 창으로 그 방패를 찌르면 어떻게 되는 거요"라고 묻자, 장사꾼은 아무 대답도 못하고 서둘러 그 자리를 떠났다. 이 장사꾼은 세계 최대의 무기판매국 미국을 떠올리게 한다. 한편으로는 각종 공격용 무기들을 팔면서 다른 한편으로는 미사일을 막으라고 MD도 팔려고 한다. 우리가 날카로운 질문을 던진 행인이 되지 못하면 장사꾼 미국의 영원한 호구가 되고 말 것이다.

제4부

새로운 시작을 위하여

1. 목적지를 정해놓고 출발하자

한반도 평화프로세스를 등산에 비유해보자. 북핵 문제가 본격적으로 대두되고 협상이 시작된 지 30년이 흘렀지만, 한반도 비핵평화라는 정상 정복에는 실패해왔다. 멀고도 험한 정상에 오르려면 목적지가 분명할수록 좋다. 하지만 등반자들이 산을 오르다가 각자가 가리키는 목적지가 달라지는 경우가 다반사였다. 중간에 마음이 바뀌기도 했고 동반자가 바뀌기도 했다. 등산로를 놓고 다투는 일도 벌어졌다. 체력이 떨어졌거나 딴 일이 생겼다며 등산을 포기한 경우도 있고, '너 먼저 올라가면 내가 따라가겠다'며 동행을 포기한 적도 있었다. 이게 지난 30년간의 역사였고 이렇게 될 가능성은 앞으로도 얼마든지 있다.

바이든 행정부 출범을 계기로 미국 안팎에서 대북정책에 대한 다양한 분석·전망·권고가 쏟아진다. 특히 트럼프 행정부처럼 단번에 비핵화를 추구하려는 과욕을 접고 군비통제 방식으로 단계적으로 접근해야 한다는 주장이 강해지고 있다. 이와 관련해 토니 블링컨은 미국 대선 직전인 2020년

9월 25일 언론 인터뷰에서 "단기적으로 북한의 완전한 비핵화를 달성하는 것이 희박하다는 엄연한 현실을 깨달을 필요가 있다"며, "우리가 취할 수 있는 현실적인 방식은 우선 군비 통제에 착수하고 군축 프로세스는 시간을 가지고 이행하는 것"이라고 말했었다. 2021년 1월 19일 국무장관 인준 청문회에서는 "나는 시작하기 어려운 문제라는 것을 인정하면서 시작하겠다"며, '단계적 합의'도 검토 대상임을 밝혔다.

미국의 여러 싱크탱크도 비슷한 권고를 내놓고 있다. 한미경제연구소는 미국의 한반도 전문가 47명이 참여한 보고서를 통해 "작은 단계가 대북 외교를 재개하는데 최선의 길"이라고 강조했다. 비핵화를 장기적인 목표로 유지해야겠지만, "북한의 핵무기고나 사찰·검증 문제를 초기부터 과도하게 제기하면 협상이 실패할 것"이라고 보는 것이다.[70] 38노스 역시 "비핵화 목표를 유지하되, 단기적으로는 북한의 핵과 미사일 능력의 제한을 확보할 수 있는 보다 현실적인

---

70) The Vision Group on U.S.-ROK Relations: Insights and Recommendations, January 11, 2021.

방식을 취해야 한다"고 권고한다.[71] 클린턴과 오바마 행정부 때에 대북정책 관련 고위직을 지낸 로버트 아인혼도 '단계적 접근'이 훨씬 유용하다고 강조한다.[72]

바이든 행정부 안팎의 이러한 기류를 고려할 때, 향후 미국의 대북정책 방향이 북한의 핵 능력을 '동결 → 감축 → 폐기'로 나누어 접근하는 방안이 부상할 수 있다. 이는 북한이 이전에 주장했던 '단계적 방식'과도 유사한 측면이 있다. 또 단계적 접근이 가시화되면 지금보다는 나은 상황을 만들어낼 수는 있다. 특히 북한이 전술핵무기를 포함한 핵무기의 질적·양적 증강을 예고한 상황이기에 북한의 핵물질 생산 중단을 포함한 핵 동결은 시급히 달성해야 할 과제이다.

하지만 여기서 따져봐야 할 문제가 있다. 군비 통제에 기초한 단계적 해법은 비핵화가 불가능하거나 장기적인 과제라는 인식을 깔고 있다. 트럼프가 원했던 '빅딜'도 이러한 관점에서 비판을 받았었다. 그런데 트럼프의 빅딜론은 '너

---

71) https://www.38north.org/2021/02/a-principled-us-diplomatic-strategy-toward-north-korea/

72) https://www.38north.org/2021/03/the-north-korea-policy-review-key-choices-facing-the-biden-administration/

무 커서 도저히 잡을 수 없는 것(too big to grasp)'이었다. 비핵화 대상으로 핵무기 및 이와 연관된 프로그램뿐만 아니라 화학무기, 생물무기, 모든 탄도미사일과 이중용도 프로그램도 포함한 것이다. 북한은 이를 비핵화를 넘어선 사실상의 무장해제 요구로 간주하고 거부했다. 대신 미국의 대북핵 위협 해소도 비핵화에 포함되어야 한다고 요구했다. 김정은과 트럼프가 '한반도의 완전한 비핵화'를 추구하기로 합의했지만, 정작 각자가 가리키는 목적지는 달랐던 것이다.

목적지가 불분명한 상태에서 시도하는 단계적 접근은 지체나 역류 현상을 야기할 수 있다는 것이 지난 30년간 핵협상의 교훈이다. 이는 앞으로도 마찬가지다. 가령 북한이 핵 동결이나 일부 핵 감축에 동의하면서 제재 완화 등의 상응조치를 받아내고는, 핵무기의 완전 폐기와 관련해서는 대단히 까다롭게 나올 가능성이 제기된다. 이러한 전망은 한미일의 군사적 움직임을 고려할 때 더욱 설득력을 지닌다. 북핵 해결에 일부 진전이 있더라도 한미일이 군사력 건설 및 동맹 강화를 크게 완화할 가능성은 매우 낮다. 완전한 비핵화의 전망이 흐릿할수록 더욱 그러하다. 이에 반해 북한은 자신의 핵무기 폐기 조건으로 군사적 상응조치를 강하게 요구할 것이다. 이렇게 되면 한미일에서는 '북한이 도저히 수용할 수 없는 제안을 요구하면서 핵무기를 포기하려고 하지 않는다'는 비관론이 커질 수 있다.

이러한 미래에 대한 우려는 현재의 선택에도 영향을 미치게 된다. '완전한' 비핵화에 대한 전망이 불투명할수록 북한의 '부분적인' 비핵화 조치에 대한 상응조치에 대해서도 인색해질 공산이 커질 것이기 때문이다. 미국 주류가 한반도에서 현상 유지를 선호해왔다는 점에서 평화체제 구축과 같은 현상 변경으로 이어질 수 있는 완전한 비핵화에 얼마만큼 진정성을 갖고 있는지도 의문이다. 앞서 다룬 MD가 대표적이다. 미국이 MD의 최대 구실로 북핵 위협을 삼아왔던 만큼, 이 문제가 해결된다는 것은 MD 구상에 큰 차질이 생긴다는 것을 의미하기 때문이다.

단계적 해법이 이러한 문제들을 품고 있다면 어떤 대안이 있을까? 목적지에 합의하고 출발하는 게 좋다. 그런데 '완전하고 검증가능하며 돌이킬 수 없는 비핵화(CVID)'나 '최종적이고 완전히 검증되는 비핵화(FFVD)'가 목적지가 될 수 없다는 점은 자명해졌다. 또 당사자들이 비핵화를 하기로 합의해놓고 그 최종 상태(end state)는 물론이고 정의조차도 합의하지 못해왔다는 것이 협상 실패의 주된 요인들 가운데 하나였다는 것도 알게 되었다. 이구동성으로 한반도 비핵화를 말하면서도 동상이몽이 너무나도 컸던 것이다.

앞서 언급한 것처럼, 문재인-김정은-트럼프의 '톱다운' 방식의 협상이 허망하게 끝나면서 비핵화는 장기적 과제라는 말이 더욱 유행하고 있다. 그러나 비핵화가 어렵다는 것과 시간이 오래 걸린다는 것은 구분해서 봐야 한다. 인간 세계에서 시간의 중요성은 물리적인 길이에만 있는 것이 아니다. 사람 사이에 어떤 화학작용을 일으키느냐에 따라 그 시간은 짧아질 수도 있고 무한정 길어질 수도 있다. 비핵화도 마찬가지이다. 비핵화 협상이 시작된 지 30년이 지났는데 성공하지 못한 이유가 시간이 부족했기 때문은 아니지 않은가? 목적지를 정해놓고 출발하는 것이 중요한 이유가 바로여기에 있다. 그럼 목적지로 삼을 만한 것으로는 어떤 것이 있을까?

2. 한반도 비핵지대화는 어떤가?

목적지가 불분명하더라도 가다 보면 그곳에 도착할 수 있을 것이라는 희망은 더 이상 유효하지 않다. 바이든이 취임 후 첫 기자회견에서 밝힌 입장도 이러한 분석을 뒷받침해준다. 그는 북한과 관련해 "일정한 형태의 외교에 대한 준비가 돼 있다"고 말했다. 아마도 북핵 동결을 우선적인 목표로 협상에 나설 수 있다는 뜻일 게다. 동시에 그는 "그러나 이는 비핵화라는 최종 결과를 조건으로 삼아야 한다"고 강조했다. 비핵화라는 목적지가 분명해야 단계를 밟을 수 있다는 취지다. 하지만 바이든 행정부는 비핵화의 정의와 최종 상태를 아직 내놓지 않고 있다.

한국에서도 비핵화 체념론이 커지면서 그 대처 방안이 양극화되고 있다. 한편에서는 한국도 핵무기를 갖거나 미국의 전술핵을 재배치해서 '공포의 균형'을 이뤄야 한다고 주장하지만, 이는 핵전쟁의 공포만 가중시킬 뿐이다. 반대로 비핵화를 추후 과제로 밀어두고 남북한의 화해협력과 평화부터 추진하자고 주장하는 사람도 있지만, 이 역시 한계는 분명하다. 미국 주도의 대북제재가 너무나도 촘촘하게 짜여 있어 남북한이 경제협력을 재개하는 것 자체가 대단히 어렵고, 북핵 위협에 대처하기 위해 군비증강을 계속해야 한다는 목소리도 높기 때문이다. 비핵화를 뒤로 미루거나 우회하면서 지속 가능한 한반도 평화와 남북관계 발전을 도모하는 것은 구조적으로 불가능해진 것이다.

이러한 상황에서 한반도 비핵무기지대(이하 비핵지대)는 문제 해결의 전기를 마련할 수 있는 유력한 방안이다.[73] 일방적이고 과도한 요구를 담은 CVID나 FFVD의 대안으로 '다자적이고 법적 구속력을 갖춘 비핵화(MLBD, Multilateral Legally Binding Denuclearization)'라는 새로운 해법을 모색할 수 있는 경로를 담고 있다. 1999년 유엔 군축위원회가 만든 비핵지대 가이드라인을 한반도의 현실에 맞게 재구성해 비핵화의 정의로 삼는 것을 '출발점'으로, 한반도 비핵지대 조약 체결을 '목적지'로 삼으면서, 비핵화와 상응조치를 이 사이에 배치해가는 방식을 강구할 수 있다. 이처럼 한반도 비핵지대론은 만병통치약이 아닐지라도 실타래처럼 얽히고설

---

73) 한반도 비핵지대 조약 시안을 포함해 이 제안에 대한 자세한 내용은 정욱식,《한반도의 길, 왜 비핵지대인가?》(유리창, 2020년) 참조.

킨 '고르디우스의 매듭'을 끊을 수 있는 처방은 담고 있다.

한반도 비핵지대를 출발점과 목적지로 삼고 시작하는 것이 최선이지만 현실 가능성은 떨어질 수 있다. 한 번도 제대로 검토된 적이 없기에 당사자들의 검토 및 협의에 적지 않은 시간이 소요될 수 있다. 반면 단계적 해법의 첫발을 내딛는 것은 매우 시급하다. 동시에 목적지가 불분명한 상황에서 단계적 해법이 유용한가에 대한 문제점은 앞서 지적했다. 이게 딜레마의 핵심이다. 이에 따라 한반도 비핵지대에 대한 합의에 유연성을 기할 필요가 있다. 협상 초기에 "비핵지대를 한반도 비핵화의 정의와 최종 상태로 삼기로 했다"는 것은 높은 수준의 합의에 해당한다. 이러한 합의가 당장 어렵다면 "한반도 비핵화를 추진하는 데에 있어서 비핵지대의 유용성을 논의하기로 했다"는 낮은 수준의 합의도 검토해볼 수 있다.

한반도 비핵지대의 역사성과 보편성

1991년 여름, 북핵 대처가 최대 현안으로 부상하자 한미 양 국은 협의에 들어갔다. 노태우 정부에서는 김종휘 청와대 외교안보수석이, 조지 H.W 부시 행정부에서는 폴 월포위츠 국방부 차관이 수석대표로 나서 8월 6~7일 하와이에서 만 났다. 미국의 비밀문서에 따르면, 이 자리에서 월포위츠는 "북한이 제안해온 비핵지대는 북핵 문제의 해법이 될 수 없 다"고 말했고 김종휘도 이에 동의했다. 그러면서 월포위츠 는 '비핵화'를 대안으로 제시했다.[74]

미국은 왜 비핵지대를 거부하고 비핵화를 제시한 것일 까? 세 가지 이유가 있었다고 생각한다. 우선 당시 북한의 요구에는 주한미군 철수도 포함되어 있었는데 한미 양국이 이를 받아들일 수는 없었다. 다음으로 일반적인 비핵지대 조약에는 우라늄 농축 및 재처리 시설 보유를 금지하지 않 았던 반면에 미국은 남북한이 이들 시설을 갖지 못하도록

74) National Security Archive, "Telegram, State Department to Tokyo, etc., August 13, 1991, Subject: U.S.-ROK Hawaii Meeting on North Korea (Secret)," 《http:// nsarchive.gwu.edu/dc.html?doc=4176666-Document-01-Telegram-State-Department-to-Tokyo》.

하는 것이 목표였다. 아울러 미국은 비핵지대로 갈 경우 미국의 핵전력과 핵전략에도 차질이 생길 것을 우려했던 것 같다.

문제 해결의 실마리는 이러한 '역사성'에서 찾을 수 있다. 30년 동안 한 번도 진지하게 검토하지도, 협상 테이블에 올라간 적도 없는 비핵지대를 한반도 핵 문제의 해법으로 삼으면서 새로운 평화 로드맵을 만들어보자는 것이다. 북한의 주한미군 철수 요구와 같이 뺄 것은 빼고(북한도 이미 뺐다), 우라늄 농축 및 재처리 시설 보유 금지와 같이 담을 것은 담으면서(이 역시 충분히 가능하다) 한반도 비핵지대화를 공론화해보자는 것이다. 30년 전에 한미 양국이 거부했던 한반도 비핵지대화를 창의적으로 되살려 이번에는 북한에 역제안을 해보자는 것이다.

여기서 질문 하나를 던져보자. 한반도 비핵화란 도대체 무엇인가? 주장은 다양하게 할 수 있지만, 정확히 설명할 수 있는 사람은 지구상에 존재하지 않는다. 당사자들 사이에 합의된 정의도, 최종 상태도 존재하지 않기 때문이다. 앞서 언급한 것처럼 CVID나 FFVD는 '너무 커서 도저히 잡을 수 없는 것'이다. 반면 북한은 자신만의 비핵화가 아니라

'미국의 대북 핵 위협의 근원적인 해소'도 요구한다. 그런데 미국이 7000개의 핵무기를 보유하고 있다는 점에서 북한의 요구는 '너무 막연해서 도저히 잡을 수 없는 것(Too vague to grasp)'이다. 이처럼 비핵화를 둘러싼 북미 간의 동상이몽은 너무나도 크다. 한국 정부가 말하는 비핵화가 무엇인지도 속 시원하게 들어본 적이 없다. 비핵화에 대한 새로운 접근이 절실히 요구되는 까닭이다.

그럼 무엇이 있을까? 시야를 세계로 넓혀보면 '보편성'을 찾을 수 있다. 현재 세계 면적의 50%가 넘는 지역이 '비핵지대(nuclear weapon free zone)'인데, 여기에는 중남미, 아프리카, 남태평양, 동남아시아, 중앙아시아 등이 속해 있다. 여기에 포함된 국가 수도 116개국에 달한다. 비핵지대는 핵확산금지조약(NPT)에도 담겨 있고, 유엔군축위원회가 1999년 비핵지대 설치를 위한 가이드라인을 제정한 바 있는데 유엔총회도 이를 승인했다. 또 2009년 9월 채택된 유엔 안보리 결의 1887호에는 다음과 같은 내용이 담겼다.

비핵지대 조약을 체결하기 위해 취해진 조치들을 환영·지지하고, 지역 당사국의 자유로운 준비에 기초하고

1999년 유엔군축위원회 지침에 따라 국제적으로 인정된 비핵지대가 세계와 지역 평화와 안전을 증진하고 비확산 체제를 강화하며 핵 군축의 목표를 실현하는 데에 기여한다는 확신을 재확인한다.

이 결의는 버락 오바마 미국 대통령의 제안으로 이뤄진 것이고 바이든은 당시 부통령이었다. 그리고 바이든은 2020년 10월 22일 대선 TV 토론에서 "한반도는 비핵지대가 되어야 한다(The Korean Peninsula should be a nuclear-free zone)"고 밝힌 바 있다. 이 발언이 유엔에서 권고하고 내가 아래에서 주장하는 '비핵무기지대'를 염두에 둔 것인지는 불분명하다. 하지만 상기한 내용을 종합해볼 때, 한반도 핵 문제를 비핵지대로 문제를 풀자는 제안의 근거로는 삼을 법하다. 존재하지도, 합의하기도 힘든 한반도 비핵화의 정의와 최종 상태를 두고 헤맬 것이 아니라 이미 국제적으로 존재해온 비핵지대를 한반도 비핵화의 정의와 최종 상태로 삼으면 새로운 시작을 기약할 수 있다.

한반도 비핵지대는 남북한이 '비핵지대 안' 당사자로 조약을 체결하고, 미국, 중국, 러시아, 영국, 프랑스 등 5대 공

식적인 핵보유국이자 유엔 안보리 상임이사국이 '비핵지대
밖' 당사자로 이 조약의 의정서를 체결하는 구도를 일컫는
다. 기본적인 내용은 남북한은 핵무기를 개발·생산·보유·
실험·접수를 하지 않고, 1992년 한반도 비핵화 공동선언에
따라 우라늄 농축 및 재처리 시설을 보유하지 않는 것이다.
또 핵보유국은 남북한에 핵무기 사용 및 사용 위협을 가하
지 않고 핵무기 및 그 투발수단을 배치하지 않는다는 것을
법적 구속력을 갖춘 형태로 보장하는 것이다. 어떤가? 알쏭
달쏭한 비핵화와는 달리 그 정의와 목표가 분명하지 않은
가?

한반도 비핵지대는 남북한이 자주적으로 핵 문제 해결을
추구하면서도 국제적인 협력을 도모할 수 있는 방안이다.
2018년 4·27 판문점선언에서는 "남과 북은 완전한 비핵화
를 통해 핵 없는 한반도를 실현한다는 공동의 목표를 확인"
하면서, "한반도 비핵화를 위한 국제사회의 지지와 협력을
위해 적극 노력해나가기로 하였다." 하지만 그 이후 협상은
철저하게 북미 중심으로 이뤄졌고 그 결과는 대단히 실망
스러운 것이었다. 이에 반해 유엔은 비핵지대와 관련해 "지
대 내 국가들의 자유로운 협상 결과에 기초"하고 "핵보유국

을 비롯한 지대 밖의 국가들도 지지·협력할 것"을 제안하고 있다.

국제법적으로 한반도 비핵지대의 지대 내 당사자들은 바로 남북한이다. 이에 따라 남북한이 비핵지대를 논의하면서 미국을 비롯한 핵보유국의 지지와 협력을 유도하는 방안을 추진할 필요가 있다. 미국을 비롯한 5대 핵보유국과 국제사회도 한반도 비핵지대를 적극 권장하고 지지·협력해야 한다. 특히 한반도 비핵지대 조약 의정서 체결 후보국이자 안보리 상임이사국들은 대북제재 해결의 실질적인 권한을 갖고 있기에 적극적인 역할이 필요하다.

한반도 비핵지대는 북핵 문제 해결을 위해 필요하면서도 핵 문제 해결이 막히면서 진전을 보지 못하고 있는 다른 문제 해결을 가능하게 한다. 한반도 핵 문제를 해결하기 위해서는 북미관계 정상화, 한반도 평화체제 구축과 군비 통제, 대북제재 해결 등이 '동시적·병행적'으로 이뤄져야 한다. 그런데 비핵화의 정의 및 목표 자체에도 합의를 이루지 못하면서 이들 문제의 진전도 가로막혀 있다. 이에 반해 비핵지대를 한반도 비핵화의 정의와 목표로 삼으면 이들 문제의 진전도 가능해질 수 있다. 비핵지대 프로세스와 이에 대한 상응조치 사이의 선순환적인 조합을 만드는 데에 유용하기 때문이다.

당사자들의 입장은?

앞서 언급한 것처럼 한반도 비핵지대는 남북한이 지대 내 당사자로 조약을 체결하고 5대 핵보유국이자 유엔 안보리 상임이사국이 의정서를 체결하는 '2+5' 구도이다. 이에 따라 이들 7개국의 입장을 진단해보는 것이 중요하다. 일단 한반도 비핵지대는 공론화된 적이 없기에 이들 나라의 입장은 추측의 영역에 속한다. 다만 필자가 접촉해본 중국과 러시아의 전문가들은 긍정적인 반응을 보였다. 또 영국과 프랑스도 미국이 동의한다면, 마다할 이유는 없을 것이다. 이에 따라 한반도 비핵지대의 공론화와 현실화의 관건은 남북미 3자의 입장에 달려 있다고 해도 과언이 아니다.

우선 미국의 입장부터 짚어보자. 전통적으로 미국은 자신의 핵전략에 차질을 야기할 수 있는 비핵지대에 소극적인 입장을 보여 왔다. 이에 따라 미국이 여전히 핵전력을 자국의 국가안보 및 동맹 전략의 핵심으로 삼고 있는 상황에서 여기에 제한이 가해질 수 있는 한반도 비핵지대에 동의하겠느냐는 의문이 제기된다. 만약 미국이 이 제안을 완강하게 거부한다면 한반도 비핵지대를 현실화하기는 어렵다. 미국의 동맹국인 한국이 미국의 동의 없이 한반도 비핵지대를 추진하기도 어렵고 미국과 적대관계에 있는 북한이 미국의 참여 없는 비핵지대에 흥미를 느낄 가능성도 없기 때문이다.

그러나 미국의 입장을 비관적으로 예단할 필요는 없다. 비핵지대에 대한 미국 정부의 기본 입장은 "역사적으로 비핵지대가 적절하게 고안되고 완전히 이행되며 국제 평화와 안보, 그리고 안정에 기여한다면 비핵지대를 지지해왔다"는 것이다.[75] 특히 미국 민주당 정권이 비핵지대에 대해 비교적 호의적인 입장을 보여 왔다는 점에서 바이든 행정부의 등장을 한반도 비핵지대 공론화의 계기로 삼을 필요가 있다. 앞서 언급한 1999년 유엔 총회의 비핵지대 가이드라인 승인과 2009년 유엔 안보리 결의는 모두 미국 민주당 정

---

75) U.S. Department of State, "Nuclear Weapon Free Zones," 《https://2009-2017. state.gov/t/isn/anwfz/index.htm》.

권 때 이뤄진 것들이다. 2010년 5월 NPT 검토 회의를 앞두고는 수잔 버크 대통령 비확산 담당 특별대표도 "비핵지대는 NPT의 중요한 보완책이라고 믿고 있다"며 비핵지대가 "NPT를 넘어선 이익을 제공하고 있다"고 밝혔었다. NPT에 명시되지 않은 핵무기 배치 금지, 핵실험 금지, 방사성 물질 투기 금지, IAEA 추가 의정서 가입 의무, 핵 방호에 대한 높은 기준 설정 등이 비핵지대에 담긴 경우가 많다는 것이다.[76]

바이든이 핵 군비 통제와 비확산에 확고한 신념을 갖고 있다는 점도 주목할 필요가 있다. 그는 히로시마 원폭 투하 75년째였던 2020년 8월 6일에 "대통령에 당선된다면, 군비 통제와 비확산에 관한 미국의 리더십 회복을 글로벌 리더십의 중추로 삼을 것"이라고 밝혔다. 또 그의 대선 캠프는 "바이든 대통령은 핵무기의 역할을 줄이겠다는 우리의 공약을 입증하기 위해 여러 가지 조치를 취할 것"이라며 "미국 핵무기의 유일한 목적은 억제에 있고 필요하다면 핵공격에 대한

---

76) Ambassador Susan F. Burk, Remarks on Behalf of the U.S. at the Second Conference for States Parties and Signatories to Treaties that Establish Nuclear-Weapon-Free Zones and Mongolia, April 30, 2010. 〈https://2009-2017.state.gov/t/isn/rls/rm/141427.htm〉

보복에 한정할 것"이라고 밝혔다. 이러한 핵 정책 방향은 비핵지대와 일정 정도 친화성이 있다.

무엇보다도 비핵지대가 30년 묵은, 그리고 거의 모든 이가 불가능하다고 여기는 북핵 문제 해결에 크게 기여할 수 있는 방안이라면, 바이든 행정부로서도 검토해볼 여지는 있을 것이다. 불가능하다고 여겨져 온 북핵 해결에 성공한다면, 이는 위대한 업적이 될 것이기 때문이다. 미국의 원거리 투사 능력도 과거보다 훨씬 강해졌다는 점에서 핵전력을 전진 배치해야 할 군사적 필요성도 크게 줄어들었다. 이에 따라 미국의 입장을 성급히 예단하기보다는 예상되는 쟁점들을 분석해보고 이에 대한 해결책을 도모하는 것이 바람직하다.

북한은 어떨까? 북한 역시 비핵지대에 동의할지 불확실하다. 조약 방식으로 미국의 대북 핵 위협이 근원적으로 해소될 수 있을지에 대한 확신이 서지 않을 것이기 때문이다. 하지만 비핵지대는 미국의 대북 핵 위협 해소를 '법적 구속력을 갖춘 방식'으로 해결하는 것이라는 점에서 지금까지의 방식보다는 우월하다. 또 비핵지대는 '다자간 대북 안전보장'이라는 성격도 갖게 된다. 한반도 비핵지대에는 중국·러시아·영국·프랑스도 참여하게 되는데, 이렇게 되면 미국이 조약상의 의무를 저버리고 북한에 핵 위협을 가하기가 더욱 어려워진다. 북한뿐만 아니라 핵보유국이자 유엔 안보리 상임이사국들의 반발도 초래하게 될 것이기 때문이다. 이러한 두 가지 특성, 즉 법적 구속력과 다자간 조약은 난제 중의 난제라고 할 수 있는 대북 안전보장 문제를 해결하는 데에 기여할 수 있다.

북한이야말로 1990년을 전후해 '조선반도 비핵지대'를 먼저 제안한 당사자였고, 필자가 제안하는 한반도 비핵지대에는 북한이 주장해온 '조선반도 비핵화'와 일부 유사한 내용도 있다. 그래서 친북적인 주장처럼 들릴 수 있다. 하지만 비핵지대는 친북적인 주장이 아니라 하나의 국제 규범이자 거의 모든 이들이 불가능하다고 여기는 북한의 핵 포기를 현실화할 수 있는 가장 유력한 방법이다. 미국의 대북 핵 위협 해소를 포함한 비핵지대를 대안으로 제시하는 것이야말로 김정은 정권에게 전략적 결단을 촉구하는 '최대의 압박'이 될 것이다. 한반도 핵 문제의 해법으로 비핵지대를 제안한 최초 당사자가 북한이었고 김정은 정권이 2016년 6월에 밝힌 입장과도 친화성이 있다는 점에서 김정은이 이를 거부할 명분도 별로 없다. 오히려 김일성과 김정일의 유훈을 가장 완벽한 방식으로 실현하는 것이기에 김정은에게 '명예로운 선택'의 길을 열어줄 수 있다. '강제'에 의한, 그래서 실패를 되풀이해온 방식이 아니라 지금까지 거의 시도되지 않은 '공감'을 통한 방식이기에 더욱 그러하다.

외교 협상, 특히 적대국들 사이의 협상에서 어느 일방이 완전히 만족할 수 있는 해법은 존재하지 않는다. 이는 패전국을 상대로도 달성하기 힘들다. 그래서 협상 당사자들이 만족과 불만을 동시에 가질 수 있는 협상안이 오히려 현실적이다. 한반도 핵 문제를 비핵지대 방식으로 풀자는 제안이 이에 해당한다. 당사자들의 요구와 제안을 잘 버무려 합의에 도달함으로써 이를 이루지 못했을 때보다 더 나은 상태를 지향하는 접근법이 될 수 있기 때문이다.

바로 이러한 이유 때문에 한국의 입장과 역할이 매우 중요하다. 한반도 비핵지대에 대한 정부의 공식적인 입장이 나온 것은 아직 없다. 정부 차원에서 비핵지대 방안을 검토·공론화하면 보수 진영이 반발할 수도 있다. '북한의 주장과 흡사하고 한미동맹을 약화시킬 수 있다'는 주장이 고개를 들 것이기 때문이다. 그러나 북한의 주장과 일부 흡사한 측면이 있기에 북한을 설득하고 압박하는 데에 효과적일 수 있다. 또 한미동맹의 '공동의 적'은 북한인만큼, 북한의 핵 포기를 유도하기 위해서 동맹의 유연화는 필수적이다. 아울러 중국과 러시아도 한반도 비핵지대에 참여하는 만큼, 주변국의 위협을 완화하는 데에도 크게 기여할 수 있다.

아마도 한반도 비핵지대가 공론화되면 '주한미군은 어떻게 되느냐'는 질문이 가장 많이 나올 것이다. 그런데 북한은 1992년 김용순 노동당 비서와 아널드 캔터 미국 국무차관의 회담 이래로 사실상 주한미군 철수 주장을 거둬들였다. 김정은이 남북정상회담이나 북미정상회담에서 이를 요구한 적도 없다. 김정은과 여러 차례 면담했던 마이크 폼페이오도 "김 위원장은 직접적이든 간접적이든 주한미군 철수를 요구하지도 거론한 적도 없다"고 밝혔다. 동시에 북한은 한미연합훈련과 미국의 전략자산 전개에 대해서는 예민한 반응을 보여 왔다. 이에 따라 주한미군의 주둔 여부는 한미 양국이 결정할 사안이라는 점을 분명히 하면서도 그 규모와 성격, 그리고 무장 수준은 한반도 비핵지대 및 군비 역진 통제에 맞게 조정할 필요는 있다.

한반도의 '뉴 노멀'

한반도 비핵지대는 여전히 낯선 제안이다. 다른 나라는 물론이고 한국 정부도 아직 공식적으로 검토하지 않고 있다. 그래서 국내외 시민사회와 국회, 그리고 국제사회에서 먼저 공론화가 필요하다. 북한과 소통이 가능한 행위자들은 이 아이디어를 북한에 전달할 필요도 있다. 무엇보다도 한미 양국이 비핵지대 방식으로 한반도 핵 문제를 해결하는 방안에 대해 검토·협의하고 유용성이 있다고 판단되면 북한과 소통에 나서야 한다. 이를 통해 '다자적이고 법적 구속력을 갖춘 비핵화(MLBD, Multilateral Legally Binding Denuclearization)'를 협상 테이블에 올려 놓을 수 있다.

한반도 비핵화는 '미션 임파서블(mission impossible)'로 불린다. 비핵화 자체를 둘러싼 동상이몽이 너무나도 크고 이에 따라 제재 해결 등 상응조치와 선순환적인 로드맵을 만들기 어려웠기 때문이다. 그러므로 국제사회에서는 이미 익숙한, 그러나 한반도 핵 문제 해법으로는 낯선 비핵지대를 주목해야 한다. 국제사회에서는 비핵지대가 하나의 '노멀(normal)'이다. 한반도 핵 문제 해법으로는 '새로운(new)'

것이다. 그렇다면 한반도 문제 해법의 '뉴 노멀(New normal)'이 될 수 있지 않겠는가? 이를 통해 '북핵의 중심지 영변'에 '영변조약'이라는 한반도 비핵지대 조약에 따른 새로운 이름을 붙여주는 것은 어떨까?

3. 한반도 비핵지대에 기초한 신평화 로드맵

한반도 비핵지대를 기초로 삼아 구체적인 로드맵도 짜볼 수 있다. 비핵지대를 한반도 비핵화의 정의와 최종 상태로 삼는 것을 '출발점'으로, 비핵지대 조약 체결을 '목적지'로 삼으면서 이 사이에 3단계 해법을 마련할 수 있을 것이다. 가령 아래와 같은 로드맵을 생각해볼 수 있다. 이는 향후 협상을 통해 달성해야 할 합의는 '포괄적·구체적인 합의와 단계적·동시적·복합적인 이행'이 되어야 한다는 취지를 담고 있다.

- 출발점: 당사자들은[77] 1992년 한반도 비핵화 공동선언과 1999년 유엔 군축위원회의 가이드라인에 기초한 비핵지대를 한반도 비핵화의 정의와 목표로 삼는 데 합의한다.[78] 유엔 안보리는 이에 대한 지지·협력 결의를 채

---

77) 여기서 당사자들은 남북미, 남북미중, 러시아와 일본을 포함한 6자회담 등의 형태를 띨 수 있다.

78) 앞서 언급한 것처럼, 대화 초기에 이러한 합의가 어렵다면 이러한 취지를 살릴 수 있는 낮은 수준의 합의도 검토해볼 수 있다.

택한다. 한미는 3월과 8월의 연합훈련을 중단하고 북한은 핵실험 및 위성 발사를 포함한 모든 탄도미사일 시험 발사를 유예한다.

- 1단계: 북한은 타국 및 타 기관의 입회하에 모든 핵물질 생산시설 폐기에 돌입하고 핵무기 생산을 중단한다. 또 북한은 모든 핵시설의 목록과 핵물질과 핵무기의 총량을 신고한다. 핵물질과 핵무기 폐기 방식으로는 제3국으로의 반출을 협의한다. 미국은 대북제재를 완화하고 북미는 쌍방의 수도에 연락사무소를 설치한다. 남북미중은 한반도 평화협정 협상을 개시한다. 남북한은 해제된 유엔의 대북제재 범위 내에서 경제협력을 재개하고 한반도 비핵지대 협상을 개시한다. 남북한과 북미는 이산가족 상봉을 실시한다.

- 2단계: 북한은 모든 핵물질과 핵무기의 구체적인 내역을 신고하고 핵물질을 핵무기 제조가 불가능한 형태로 처리하며 핵무기 제조 시설 폐기 및 신고량의 50%에 해당하는 핵무기 폐기에 돌입한다. 또 NPT와 IAEA 안전조치협정에 복귀한다. 미국은 추가로 대북제재를 완화하고 북미는 연락사무소를 대표부로 승격한다. 남북

미중은 한반도 평화협정을 체결한다. 남북한은 단계적 군축을 협의·실행한다.

- 3단계: 북한은 평화협정 체결 1년 이내에 잔여 핵무기 및 핵탄두 장착 미사일을 폐기하고 IAEA 추가 의정서에 가입한다. 미국은 대북제재를 완전히 해제하고 북미는 양국 관계를 대사급으로 격상한다.

- 목적지: 남북한은 한반도 비핵지대 조약을 체결하고 핵무기 금지 조약에 가입한다. 유엔 안보리 상임이사국은 한반도 비핵지대 의정서에 서명하고 유엔 안보리는 한반도 비핵지대 승인 결의를 채택한다.

한반도 비핵지대에 기초해 평화프로세스를 추진하자는 것은 새로운 접근이다. 이뿐만이 아니다. 상기한 3단계 접근에도 새로운 관점과 내용이 포함되어 있다. 우선 지금까지는 북한의 핵물질 생산시설이 몰려 있는 영변이라는 '장소' 중심의 접근이었다. 이에 반해 본 제안은 '폐기 대상'에 초점을 맞추고 있다. 북핵 폐기를 핵물질 생산의 영구적인 중단과 관련 시설의 폐기,[79] 핵물질 처리 및 핵무기 관련 시설 폐기, 핵탄두 장착용 미사일을 포함한 핵무기 폐기의 단계로 나누어 접근하자는 것이다. 또 2단계에서 신고량의 50%의 핵무기 폐기를 담고 있는 것처럼 복합적인 이행도 제안하고 있다. 폐기 대상이 분명해지면 이에 걸맞은 상응조치 제시도 수월해진다. 아울러 단계적이면도 복합적인 이행은 하나의 단계가 마무리될 때 다음 단계로 가는 가교를 미리 놓게 된다는 점에서 한반도 평화프로세스의 중단이나 역진을 예방하는데 효과가 있다.

핵 신고와 검증에 대한 새로운 내용도 담았다. 과거의 전례에 비춰볼 때, 핵 신고는 갈등의 온상이었다고 해도 과언이 아니다. 북한은 두 차례 핵 신고를 했었다. 첫 번째는 1992년 북한이 IAEA에 신고한 때였다. 당시 북한은 여러 핵시설과 더불어 플루토늄 90g을 추출했다고 신고했다. 하지만 미국의 정보기관은 믿지 않았다. 오히려 북한의 플루토늄 보유량은 핵무기 1~2개 분량인 10kg 정도 된다고 주장했다. '플루토늄 불일치'가 발생하자 미국은 특별사찰을 요

---

79) 이렇게 합의하면 영변 이외의 우라늄 농축 시설이 있을 것으로 의심되는 지역에 대한 현장 방문 등의 방식을 강구할 수 있게 된다.

구했고, 북한은 주권 침해를 들어 거부했다. 이 문제로 인해 1994년에는 한국전쟁 이후 최악의 전쟁위기까지 경험해야 했다. 그런데 2008년 미국은 북한이 건네준 핵시설 가동일 지를 검토한 결과 북한이 1992년에 신고한 게 정확했다는 잠정 결론을 내린 바 있다.

두 번째는 2007년 6자회담의 10·3 합의에 따른 핵 신고 였다. 당시 북한은 30.6kg의 플루토늄을 보유하고 있다고 신고했고 조지 W. 부시 행정부도 이를 수용했다. 그러자 딕 체니 부통령을 비롯한 네오콘은 강력히 반발했다. 핵무기와 탄도미사일이 빠졌을 뿐만 아니라 우라늄 농축 프로그램 및 시리아로의 핵 시설 수출 내역이 빠졌다는 이유 때문이 었다. 그래서 네오콘은 검증과 관련해 사실상의 '백지 수표' 를 요구했고, 한국과 일본 정부도 이에 가세하고 말았다. 북 한이 이를 거부하자 이명박 정부는 에너지 지원을 중단해버 렸고, 그 결과 6자회담은 결렬되었다. 검증 문제는 다음 단 계에서 논의하기로 했던 것이 6자회담의 합의 사항이었는 데, 한미일이 이를 앞당기려고 했던 것이 갈등의 주요 원인 이었다.

이러한 전례에서도 알 수 있듯이 향후 북한이 핵 신고를 하더라도 미국의 추정치와는 상당한 차이가 날 가능성이 높고, 이에 따라 검증 문제가 불거질 것이다. 과거보다 북한의 핵 프로그램이 고도화·다양화되었기에 더욱 그러하다. 이 문제를 해결하기 위해서는 한반도 평화체제 프로세스의 가시화가 매우 중요하다. 북한이 말하는 '교전 상태의 종식' 및 '조미 간의 평화관계 수립'이 가시화될수록 핵 신고 및 검증 문제 해결도 용이하기 때문이다. 이를 위해 1단계에서 평화협정 협상 개시와 북미 연락사무소 개소를, 2단계에서 평화협정 체결과 북미 대표부 설치를, 3단계에서 북미수교를 제안하고 있다. 그리고 이러한 프로세스에 맞춰 북한의 모든 핵 시설과 핵물질 및 핵무기의 총량 신고,[80] 북한의 모든 핵물질과 핵무기의 구체적인 내역 신고 및 NPT와 IAEA 안전조치협정 복귀, 그리고 IAEA 추가 의정서 체결을 제안하고 있다.

북한의 핵물질 및 핵무기 폐기 방안으로는 '제3국으로의 반출'을 제안하고 있는데, 여기서 제3국은 러시아를 의식

---

80) 핵무기의 경우 신고 대상을 '총량'으로 한정하면, '미국의 선제타격 대상 목록을 스스로 제공하는 것'이라는 논란을 피할 수 있다.

한 것이다.[81] 러시아는 핵무기 폐기 경험이 가장 많은 나라이고 북한과 우호적인 접경국이며 핵 폐기에 필요한 시설과 인프라를 갖추고 있다.[82] 또 미국과 러시아는 협력적 위협 감소(CTR) 프로그램을 실시한 바 있고, 바이든은 상원의원 시절에 이 프로그램에 대단히 적극적이었다. 이 제안은 여러 가지 장점이 있는데, 가장 큰 장점은 관련국들 사이의 화학작용을 통해 시간의 길이를 대폭 단축할 수 있다는 데에 있다. 북한의 핵물질과 핵무기가 러시아 국경으로 넘어가는 순간 사실상 비핵화가 완료되는 것이기 때문이다.

체계적이고 신속한 비핵화 프로세스는 한반도 문제 해결을 위한 또 하나의 중대 과제인 평화체제 프로세스를 짜는 데에도 도움이 된다. 1단계에 평화협정 협상 개시를 포함하면, 1단계 합의 및 이행에도 도움이 될 뿐만 아니라 다음 단계에 가교도 놓을 수 있게 된다. 북한이 평화협정 협상 개시만으로도 비핵화에 추동력을 부여할 수 있다고 밝힌 바 있

---

81) 이에 대한 구체적인 내용은 서보혁·정욱식 외, 《한반도 평화체제 관련 쟁점과 이행 방안》, (통일연구원, 2019년), 209~214쪽과 《한반도의 길, 왜 비핵지대인가?》, 297~299쪽 참조.

82) 1991년 12월 소련 해체 후 우크라이나, 카자흐스탄, 벨라루스는 각각 세계 3, 4, 5위의 핵보유국이 되었다. 그러나 미국 및 러시아와의 합의를 통해 모든 핵무기를 러시아로 이전해 폐기했다.

고, 평화협정 체결을 위해서는 다음 단계의 협조가 반드시 필요하기 때문이다. 2단계에서 평화협정 체결을 제안한 것도 마찬가지 취지를 품고 있다.

이와 관련해 비핵화가 완료되지 않은 상태에서 평화협정을 체결하는 것이 타당하냐는 반론이 나올 수 있다. 그러나 평화협정은 평화체제의 중요한 부분이지 그 자체는 아니다. 평화협정에서 합의한 조항들이 완전히 이행·준수될 때 평화체제가 완성되는 것이기 때문이다. 비핵화 합의가 이뤄졌다고 해서 비핵화가 완성되는 것은 아니라는 점을 떠올려보면 이러한 지적의 취지를 이해할 수 있을 것이다. 이러한 맥락에서 볼 때, 비핵화가 상당 부분 이뤄지고 비핵화 완료가 가시권에 들어오는 시기에 평화협정을 체결하는 것이 가장 적합하다. 지금까지 당사자들 사이의 모든 합의는 평화체제와 비핵화의 동시적·병행적 추진에 있다는 점에서 더욱 그러하다.

2단계에서 평화협정을 체결해야 한다는 제안은 이러한 취지를 담은 것이다. 1단계와 2단계에 담긴 비핵화 내용이 이행될 경우 북핵 폐기의 진행 수준은 80% 정도에 달한다고 할 수 있다. 영변 핵시설뿐만 아니라 다른 지역과 용도의 핵시설도 '실질적으로' 폐기되고[83] 전체 핵물질 및 핵무기의 50%를 처리하는 것이기 때문이다. 또 나머지 핵무기도 평화협정 체결 이후 1년 이내에 폐기를 완료할 것을 제안하고 있다. 이 정도면 평화협정 체결의 조건은 충족된 것으로 볼 수 있다.

---

83) 여기서 '관련 시설의 실질적인 폐기'는 더 이상 핵무기 및 핵물질을 생산할 수 없도록 조속한 폐기에 나서면서도 완전한 폐기는 제염과 정화까지 포함되어야 하는데 이렇게 되는 경우 10년 안팎이 소요된다는 점을 고려한 표현이다.

4. 역효과만 부른 대북제재

비핵화를 포함한 한반도 평화와 남북관계 발전, 그리고 한반도 주민들의 삶의 질 향상을 도모하기 위해서는 대북제재를 둘러싼 갈등을 푸는 것이 대단히 중요하다. 역대 미국 행정부와 의회는 습관적으로 대북제재를 강화시켜왔다. 정도의 차이는 있지만 유엔 안보리를 비롯한 국제사회도 이에 동조하는 모습을 보여 왔다. 이는 북한의 핵개발에 강력한 조치를 취하고 있다는 '이미지'를 연출하는 데에 성공했을지는 몰라도 비핵화 진전에는 아무런 기여도 하지 못했다. 오히려 제재를 핵심 도구로 삼아왔던 미국의 역대 행정부를 거치면서 북핵 문제는 더욱 악화되어 왔다.

주목할 점은 일찍이 미국의 정보기관들조차도 이를 예견하고 있었다는 것이다. 이와 관련해 1991년 12월 미국 중앙정보국(CIA) 보고서를 주목할 필요가 있다. 이 보고서는 이른바 '북핵 문제'가 불거지자 CIA가 국방부의 요청을 받아 국가정보국, 국무부, 국방정보국, 군부 등 관련 부처와의 토론을 거쳐 작성한 것이다. 결론은 이랬다. "미국의 정보 공동체는 경제제재 그 자체로는 북한의 핵무기 프로그램 포기를 가져오지 못할 것이라고 믿는다." 또 경제제재는 "북한 주민들의 심각한 고초를 야기할 것"이고, 북한 정권이 제재에 맞서 "군사태세를 강화하고 긴축을 단행하며 제재를 무력화·회피하려고 노력할 것"이며, "북한 주민의 정권에 대한 지지를 더 높일 것"이라고 전망도 내놓았다.[84]

이처럼 미국 정보기관들은 이미 30년 전에 대북제재가 역효과를 초래할 가능성에 주목했었다. 미국의 정보기관들은 2019년 1월에도 흡사한 분석을 내놨다.[85] 그러나 역대 미국 행정부는 제재 효과를 믿었거나 믿는 척하면서 이에 집착해왔다. 30년 동안 예측 가능한 실수를 되풀이해온 것이다. 사정이 이렇다면 바이든 행정부의 대북정책 재검토와 국제사회 논의의 핵심적인 대상은 다름 아닌 '역효과를 낸 제재'가 되어야 한다. 제재 유지·강화가 더는 유용한 도구가 될 수 없다는 점을 솔직히 인정하는 '겸손'을 가져야 바이든 행정부가 강조한 또 하나의 외교 정신인 '자신감'을 가질 수

---

84) 이 비밀 보고서는 2009년에 공개되었다. 보고서 전문은 다음 링크에서 볼 수 있다. https://www.cia.gov/library/readingroom/docs/DOC_0005380437.pdf

85) https://www.dni.gov/files/ODNI/documents/2019-ATA-SFR---SSCI.pdf

있다. 제재가 옳다는 '오만'에 휩싸일수록 그건 자신감이 아니라 '자만심'의 원천이 될 것이고 이는 실패한 대북정책의 되풀이로 이어지고 말 것이다.

이전부터 역효과가 강했던 대북제재는 2021년 북한의 당대회를 거치면서 더더욱 실효성이 없게 되었다. 북한의 선택은 제재를 상수로 두면서 오히려 이를 자력갱생과 자급자족을 강화할 수 있는 '절호의 기회'로 삼겠다는 것으로 나타났기 때문이다. 최선희 외무성 제1부상이 3월 18일 담화에서 "미국이 즐겨 써먹는 제재 장난질도 우리는 기꺼이 받아줄 것"이라고 밝힌 것도 이러한 기조를 거듭 확인해준다. 이는 향후 대북정책에서 중요한 함의를 내포하고 있다. 크게 두 가지 측면에서 그렇다.

하나는 작게나마 있었던 제재의 교집합이 더욱 작아졌다는 것이다. 대북제재의 목적 가운데 하나는 북한을 협상 테이블로 불러내는 데에 있었다. 북한 역시 제재 해결을 협상의 중대 목표 가운데 하나로 삼았었다. 이게 바로 교집합이었다. 굳이 제재의 순기능을 따지자면 북한으로 하여금 비핵화를 진지하게 고려하게 만들면서 협상장으로 나오도록 하는 데에 기여했다는 정도이다. 그러나 이 수준을 넘어 북한의 일방적인 양보를 강제하는 수준까지 가면서 역기능이 확연해지고 말았다. 실제로 미국이 '선 비핵화, 후 제재 해결'에 집착하는 것으로 판단한 북한은 제재 해결에 더 이상 연연하지 않겠다는 입장으로 돌아섰다. 이런 북한을 상대로 제재를 강화해 협상장에 나오도록 압박해봐야 헛수고이다.

가능성은 극히 낮지만 북한이 협상에 임해도 문제는 남는다. 이게 또 하나의 측면이다. 아마 북한이 협상장에서 제재 해결을 '먼저' 요구하지는 않을 것이다. 제재 해결을 요구할수록 나약함을 드러내는 것이라는 학습효과가 매우 강하기 때문이다. 그럼 북한은 무엇을 요구할까? 단계별 비핵화의 상응조치로 제재 해결보다 훨씬 까다로운 요구를 내놓게 될 것이다. 평화협정의 조속한 체결과 더불어 미국의 핵전력과 남한의 첨단무기를 포함한 상호 군축 요구가 바로 그것이다. 그런데 단기적으로 한미 양국이 이를 수용할 가능성은 극히 낮다.

이처럼 제재를 둘러싼 '게임의 법칙'이 달라졌다. 교집합은 희미해지고 차집합은 더욱 커졌다. 미국 등 국제사회가 제재를 유지·강화해온 것은 이들에 대한 북한의 '반감'을 키운 핵심적인 요인이었다. 제재에 반감을 가진 북한은 오랜 기간 "제재만 풀리면 우리도 잘 살 수 있을 텐데"라며 '자기 연민'에 휩싸였었다. 하지만 2021년 들어 더 이상 연민에 빠지지 말고 오히려 제재를 기회로 삼자는 '결기'를 더욱 강하게 다지고 있다.

이에 따라 제재를 부과해온 행위자들이 생각을 달리 해야 한다. 그것은 바로 북한과의 '공감'을 만들어낼 수 있는 방식으로의 전환이다. 상대방의 언행을 바꿀 수 있는 가장 효과적인 방식은 공감을 형성하는 데에 있다. 북한이 처한 어려움을 직시하면서 비핵화에 관한 북한의 단계적인 조치와 동시적·병행적으로 제재를 풀겠다는 확고한 신호를 보내야 한다. 그래야만 차갑게 식어버린 김정은의 비핵화 의지를 되살릴 수 있다. 경제발전과 인민생활 향상을 최우선 과제로 내세워온 김정은에게 제재 해결은 여전히 불감청고소원(不敢請固所願, 감히 청하지는 못하나 원래부터 바라던 것이라는 뜻)이기 때문이다.

이와 관련해 나는 4부 2장에서 3단계 제재 해결 프로세스를 제안했다. 이를 구체화하면 이렇다. 1단계에서는 유엔 안보리의 11건의 제재 가운데 2016년 이후 채택된 5건 가운데 '민수경제와 인민생활에 지장을 주는 항목들'을 해제하는 것이다.[86] 2단계에서는 유엔 안보리의 제재 가운데 무기 관련 제재는 유지하되 나머지는 모두 해제하는 것이다. 3단계에서는 미국의 독자적 제재를 포함한 모든 제재를 해제하는 것이다. 이렇게 하면 신뢰와 이익이라는 두 개의 수레바퀴를 동시에 굴려 비핵화를 향해 뚜벅뚜벅 걸어갈 수 있을 것이다.

---

86) 하노이 노딜 직후인 2월 28일 심야에 북한의 리용호 외무상이 밝힌 입장은 다음과 같다. "우리가 요구하는 것은 전면적인 제재 해제가 아니고 일부 해제, 구체적으로는 유엔 제재 결의 11건 가운데 2016년부터 2017년까지 채택된 5건, 그 중 민수경제와 인민생활에 지장을 주는 항목들만 먼저 해제하라는 것입니다. 이것은 조미 양국 사이의 현 신뢰 수준을 놓고 볼 때 현 단계에 우리가 내 짚을 수 있는 가장 큰 보폭의 비핵화 조치입니다."

5. 북한 인권과 대북제재

대북제재 유지·강화형이 아니라 비핵화와 조응하는 제재 해제형 접근은 첨예한 갈등 분야인 북한 인권문제 해결의 실질적인 진전에도 도움이 될 수 있다. 북한 인권문제와 관련해 지금까지의 지배적인 접근은 북한 정권이 주민들의 인권은 탄압하면서 핵과 미사일 개발에 몰두해왔고, 이에 따라 제재는 당연히 부과되어야 한다는 것이었다. 하지만 북한 핵 문제 및 인권문제가 심각하다는 것과 이를 제재를 통해서 해결하겠다는 것은 구분해서 봐야 한다. 제재 위주의 접근법은 북핵 문제뿐만 아니라 인권문제에도 부정적인 영향을 미치고 있기 때문이다.

비록 소수이지만 과도한 경제제재가 인권 상황을 악화시킨다고 지적한 전문가들도 있다. 로버트 파페 시카고대학 정치학 교수는 1998년 발표한 논문에서 "대부분의 경제제재는 성공 여부를 떠나 무고한 시민들을 비롯해 대상국 주민들에게 중대한 인간적 비용을 초래한 경우가 많았다"고 주장했다.[87] 미국의 정치학자인 존 뮬러와 칼 뮬러는 1990년 대 이라크에 대한 경제제재를 예로 들면서 "진정한 대량살 상무기는 바로 경제제재"라고 일갈하기도 했다.[88] 영국 일 간지 〈가디언〉의 칼럼니스트인 시몬 젠킨스는 북한의 핵실 험에 대한 유엔 안보리의 추가 제재에 대해 "제재의 목표를 달성하지 못할 것"이고 "단지 북한 정권에 의한 주민들의 궁 핍화만 더해줄 것"이라고 봤다. "경제제재는 외교에서 가장 비생산적인 도구"이고 "과학이 아니라 외교적 이데올로기" 라는 것이다.[89]

세계인권선언문 전문에도 나와 있는 것처럼 '공포와 궁 핍으로부터의 자유'는 '보통사람의 지고한 열망'이다. 프랭 클린 루스벨트 미국 대통령도 1944년에 "우리는 진정한 개 인의 자유는 경제적 안전과 자립 없이는 존재할 수 없다는 사실을 명확히 깨닫게 되었다"고 역설했었다. 그런데 경제

87) Robert A. Pape. "Why Economic Sanctions Still Do Not Work." International Security 23, no. 1 (Summer 1998).

88) John Mueller and Karl Mueller, Sanctions of Mass Destruction, Foreign Affairs, May/June 1999.

89) Simon Jenkins, Whether it's North Korea or Iran, sanctions won't work, The Guardian, February 13, 2013.

제재는 대상국 주민들에게 '경제적 궁핍'의 한 원인이 되고 있고, 이건 북한 역시 마찬가지이다. 사정이 이렇다면 '인권의 이름'으로 제재를 정당화할 것이 아니라 최소한 군사 프로그램과 직접 관련이 없는 부분에 대해서는 제재를 풀어가는 방식으로 인권 향상을 도모하는 게 인권 친화적인 접근이다. 이와 관련해 북한 인권문제에 대해 1세대 인권인 시민적·정치적 권리뿐만 아니라 2세대 인권인 경제·사회·문화적 권리와 3세대 인권인 평화·발전권도 주목해야 한다는 서보혁 통일연구원 연구위원의 지적은 유념할 가치가 있다.[90]

첨예한 갈등 분야인 북한 인권문제와 관련해 주목해야 할 부분이 있다. 많은 한국인과 국제사회는 북한 주민들의 고초를 안타까워한다. 김정은도 주민들의 고초에 눈물을 보이면서 '인민대중제일주의'를 표방하고 있다. 서로를 향해 손가락질하는 사람들이 적어도 북한 주민들의 어려움에 대해서는 공감하고 있는 셈이다. 이 공감이 대북제재에 대한 인식과 정책 전환 계기가 된다면, 북한 인권 상황의 의미 있

---

90) 〈한겨레〉, 2021년 3월 22일.

는 개선을 도모할 수 있을 것이다.

물론 북한 인권문제가 제재 때문에만 발생하는 것도 아니고 제재가 해결된다고 해서 북한 인권이 획기적으로 개선될 것이라는 보장도 없다. 하지만 지금보다는 더 나은 상태를 만들 수는 있다. 미국 등 국제사회가 강력한 대북제재를 가하면서 북한의 인권 상황을 비판하는 것은 결코 문제 해결을 위한 접근법이라고 할 수 없다. 이에 반해 제재를 풀어가면서 북한 인권을 비판하고 개선을 요구하는 것은 일정 정도 실효성을 가질 수 있다. 북한 주민들의 사회경제적 권리 증진에 도움이 될 뿐 아니라 국제사회의 인권문제 제기를 '적대시 정책'이라고 비난해온 북한 정권의 주장이 더더욱 설득력을 가질 수 없게 되기 때문이다.

6. 한미연합훈련은 '제로섬'이 아니다

1부에서 자세히 다뤘듯이 군사문제는 향후 남북관계와 한반도 정세에 중대 변수가 되고 있다. 북한은 미국의 적대시 정책과 남한의 첨단무기 도입, 그리고 한미연합훈련 등을 맹비난하면서 '핵무력'을 포함한 '국방력 강화'를 천명한 상황이다. 이에 대해 문재인 정부는 남북관계 개선과 한반도 평화프로세스 재개를 위해 노력하겠다고 하면서도 '강력한 국방력 건설'과 한미동맹 강화 의사도 분명히 하고 있다.

그러나 이는 양립 불가능하다. 문재인 정부의 대규모 군비증강과 한미연합훈련 실시는 한반도 정세 악화의 중대 요인이 되어왔다. 이것이 분명해진 상황에서 정부가 한편으로는 남북관계 개선 및 한반도 평화프로세스 재개를 추진하고, 다른 한편으로는 강력한 국방력 건설도 추진하겠다는 것은 정책적·전략적 관점에서 볼 때 비문(非文)에 해당한다. 오히려 이러한 접근은 한반도 군비경쟁과 안보 딜레마를 격화시킬 공산이 크다. 대북정책 재검토에 착수한 바이든 행정부가 외교적 접근에 대해서는 좌고우면하면서도 한일과 함께 대북억제력 강화 의지는 분명히 하고 있기에 더욱 그러하다.

북한의 핵 능력 증강에 비춰볼 때, 대북억제력 유지와 이를 위한 국방력 건설 및 군사적 준비태세 확립은 불가피하다. 동시에 과유불급의 어리석음도 경계해야 한다. 과도한 대북억제력 및 군사적 우위 추구가 상위의 목표에 해당하는 한반도 비핵화 및 평화체제 구축, 그리고 남북관계 발전을 통한 평화적 통일 기반 조성을 저해할 수 있다는 점을 직시해야 한다. 안정적인 억제 관계를 추구하면서도 대화와 협상을 통한 문제 해결에 기여할 수 있는 슬기로운 국방정책이 절실하게 요구되는 까닭이다.

'발등의 불'은 한미연합훈련이다. 이미 북한의 김여정 노동당 부부장은 2021년 3월 15일에 한미연합훈련을 맹비난하면서 남한이 "더더욱 도발적으로 나온다면 북남군사분야합의서도 시원스럽게 파기해버리는 특단의 대책까지 예견하고 있다"고 밝힌 상황이다. 이는 2018년 9월 평양 남북정상회담에서 채택된 9·19 군사분야합의서의 파기 가능성을 가리킨다. 또 대미 관계에서는 대북 적대시 정책 가운데 하나로 한미연합훈련을 거론하면서 '강대강, 선대선'의 원칙을 분명히 하고 있다. 이에 반해 한미 양국은 외교·국방장관 회담 공동성명에서 "연합훈련·연습을 통해 동맹에 대한 모든 공동 위협에 맞서 합동준비태세를 유지하는 것이 중요함을 재강조"한 상황이다.

이처럼 연합훈련을 둘러싼 갈등이 격화되면서 9·19 군사합의의 운명도 '풍전등화'가 되고 있다. 이 합의는 우발적 충돌 방지와 군사적 신뢰 구축이 획기적인 역할을 해왔다. 그러나 2019년 이래 남북관계가 악화되면서 이 합의에 대한 양측의 평가도 양극화되었다. 문재인 정부는 '사실상의 종전선언'이라는 의미를 부여했지만, 김여정은 2020년 6월 담화에서 '있으나 마나 한' 것이라고 폄하했고 2021년 3월 담화에서는 파기 가능성까지 경고하고 나섰다.

역설적으로 비핵화 전망이 어두워지고 남북관계가 악화한 상황에서 9·19 군사합의의 중요성은 더욱 커졌다. 관계가 악화되면 양측 모두 군사적 준비태세 및 억제력을 강화해야 한다는 유혹에 빠지기 쉽다. 동시에 관계가 악화되면 무력충돌 및 충돌 발생 시 확전의 위험도 커지게 된다. 그런데 9·19 군사합의는 '안정적인 억제 관계' 확립에 절대적으로 필요하다. 군사적 긴장 완화 및 안정을 통해 무력충돌 방지에 크게 기여해왔기 때문이다.

그렇다면 풍전등화에 놓인 9·19 군사합의를 어떻게 유지할 수 있을까? 한미연합훈련에 대한 전향적인 결단이 시급해지고 있다. 소규모 훈련과 연습은 '비공개로' 하되 3월과 8월에 실시하는 전면전 상정 연합훈련은 중단하는 것이 이에 해당한다. 만약 2021년 8월에 대규모 한미연합훈련이 실시되면 북한은 9·19 군사합의서 파기 선언으로 응수할 가능성이 높다. 그러므로 한미가 조속히 전향적인 메시지를 내놓는 것이 대단히 중요하다. 어차피 8월 연합훈련은 도쿄 올림픽과 패럴림픽이 개최될 경우 시기적으로 겹치기 때문에 실시 여부가 불투명하다. 또 한미일은 도쿄 대회의 성공적인 개최를 위해 협력할 것임을 분명히 하고 있고, 일본은 북한의 참가를 희망하고 있다. 사정이 이렇다면 조속히 8월 연합훈련 취소를 선언하는 것이 바람직하다.

한미연합훈련에 대한 근본적인 대안도 공론화해볼 필요가 있다. 지난 역사를 복기해보면 연합훈련은 중단과 연기를 통해 신뢰 구축의 계기가 되기도 했고, 반대로 연합훈련 강행으로 인해 조성된 신뢰를 해치는 결과를 낳기도 했다. 이에 따라 한미연합훈련을 '제로섬'의 관점이 아니라 군사적 준비태세 유지와 정치군사적 신뢰 구축을 동시에 추구할 수 있는 방향으로 재조정해야 한다. 이와 관련해 중립국감독위원회 대표를 맡아 한미연합훈련을 참관했던 마츠 앵만 장군은 "연합훈련의 규모와 내용, 그리고 목표의 변경은 연합훈련의 핵심적인 목표를 저해하지 않는다"고 지적한다.[91]

가장 바람직한 대안은 한미동맹의 군사적 준비태세는 유지하면서도 대화와 협상을 통해 한반도 문제를 해결한다는 상위의 정치적 목표에도 부합하도록 연합훈련을 조정하는 데에 있다. 군사적 태세와 외교적 기여를 동시에 달성할 수 있는 방안을 찾아야 한다는 것이다. 이를 위해서는 연합훈련의 목표를 재정립하는 것이 필수적이다. 현재는 대북억제와 위기관리, 억제 실패 시 방어 및 격퇴에 초점을 맞추는 것이 가장 중요한 목표에 해당한다.

이 원칙과 목표에서 벗어나는 무리한 작전계획과 훈련은 변경하는 것이 필요하다. 북한 급변사태 발생 시 한미연합군 투입, 북한 지도부 참수작전, 유사시 북한 무력 점령 계획 등은 정치군사적 신뢰를 저해하는 핵심적인 사안들이다.

---

91) https://isdp.eu/publication/u-s-rok-military-exercises-provocation-possibility/

더구나 이러한 계획들은 핵전쟁을 포함한 확전의 위험을 키울 소지가 있기에 자해적인 성격마저 지닌다. 이처럼 위험하고도 비생산적인 작전계획과 연합훈련의 목표를 거둬내면 연합훈련의 대안은 얼마든지 마련할 수 있다. 대북 군사 목표의 축소지향적 조정은 연합훈련에 참가하는 병력과 부대의 축소, 기간 단축, 핵 투발 수단 등 전략자산 투입 자제 등으로 이어질 수 있기 때문이다.

동시에 연합 준비태세는 소규모의 비공개 연합훈련을 통해 유지할 수 있다. 한미연합군의 정보 능력은 북한의 군사적 움직임을 실시간으로 상세히 파악할 수 있는 수준에 있기에 더욱 그러하다. 즉, 대규모의 전구급 연합훈련, 특히 방어를 넘어 무력 통일까지 담은 반격 훈련은 중단해 정치군사적 신뢰를 만들어내고, 상시적인 대북 정보 능력과 소규모 연합훈련을 통해 군사태세는 유지하는 방안을 강구해야 한다. 이와 관련해 제임스 브룩스 전 주한미군사령관은 "외교에 기여할 수 있다면 우리는 (훈련 축소에) 적응할 수 있고 리스크도 받아들일 수 있다"고 밝히기도 했다.[92]

---

92) Terence Roehrig, ROK-U.S. Exercises and Denuclearizing North Korea: Diplomacy or Readiness?, KEI ACADEMIC PAPER SERIES, April 23, 2020.

가장 바람직한 대안은 남북군사공동위원회, 혹은 남북미 군사 대화를 통해 쌍방 간의 군사훈련에 대한 갈등을 줄이고 신뢰 구축 조치들을 합의·이행하는 것이다. 이와 관련해 9·19 군사분야합의서에서도 "쌍방은 상대방을 겨냥한 대규모 군사훈련 및 무력증강 문제" 등을 "남북군사공동위원회를 가동하여 협의해 나가기로" 합의한 바 있다. 이를 가시화하기 위해서는 한미가 긴밀한 협의를 거쳐 3월과 8월 대규모 연합훈련은 중단하기로 하고 북한에 이를 통보해 대화의 기회를 만들어야 한다.

1부에서 설명한 것처럼, 1992년 1월 한미 대통령은 '팀스피릿' 중단을 약속했다. 트럼프는 2018년 6월과 2019년 6월에 김정은을 만나 연합훈련 중단을 약속했다. 이들 약속에 대한 북한의 화답도 있었다. 하지만 연합훈련 중단 약속은 지켜지지 않았고 북한의 화답도 신기루처럼 사라졌다. 북한의 경직된 태도는 분명 유감스러운 것이다. 하지만 대규모 연합훈련 중단은 비핵화의 상응조치로 거론되어온 평화협정 체결, 북미수교, 대북제재 해제 등에 비교할 때 '작은 약속'에 해당한다. 이 작은 약속조차 지켜지지 않으면 더 큰 약속에 대한 북한의 불신을 씻을 길은 없어진다.

7. 대북억제력의 적정성

북한과 군사적으로 대치하고 있고 그 북한이 핵과 미사일 능력을 강화하고 있는 만큼, 한국, 한미, 한미일도 대북억제력을 강화해야 한다는 생각을 당연하게 여길 수 있다. 그러나 이러한 강박관념이야말로 대북정책이 실패하고 있는 본질적인 이유 가운데 하나이다. 과도한 대북억제력 추구가 야기하는 숱한 문제들에 비해 이에 대한 비판과 성찰이 너무나도 저조하다는 것도 주목해야 할 현상이다. 실패한 정책을 되풀이하지 않으려면 차분하게 몇 가지 질문을 던져볼 필요가 있다. 과연 한국, 한미동맹, 한미일의 군사적 대북억제력은 부족한가? 부족하다면 완전한 억제력 확보는 가능하고 타당한가? 더 근본적으로는 대북억제력이란 무엇인가?

2020년 7월 28일 국회 국방위원회 전체회의에서 한 의원이 정경두 국방장관에게 "북한의 핵무기에 대한 우리 군의 대응책은 무엇이냐"고 물었다. 정경두는 "핵과 관련된 부분은 기본적으로 한미 간에 맞춤형 억제전략을 구사하고 있고 미국의 핵우산이 있다"면서 "재래식 무기로도 북한이 핵무기를 보유한다 하더라도 대응할 수 있는 그런 수준의 국방력을 건설해 나가고 있다"고 답했다. "핵무기를 재래식 무기로 대응할 수 있다는 것이냐"고 재차 묻자 "가능한 쪽으로 하고 있다"고 거듭 강조했다. 그러자 질문을 던진 의원은 "핵무기를 재래식 무기로 대응한다는 자체가 말이 안 된다"고 반박했다. 〈조선일보〉도 이 내용을 보도하면서 "비대칭 전력인 핵무기를 재래식 무기로 대응한다는 논리는 납득이 가지 않는다고 했다"는 군사 전문가들의 주장을 덧붙였다.[93]

5개월 후 일부 안보 전문가들이 같은 질문을 던졌다. "재래 전력을 통한 북핵 억제는 가능한가?" 이들은 "핵 위협을 막을 무기는 핵무기 외에는 없다는 것이 현재까지의 중론"이라며, "핵 위협의 주체(북한)가 이에(남한의 재래 전력에) 대한 두려움이나 부담을 갖지 않는다는 것이 결정적인 문제"라고 주장했다. "재래 전력을 통한 핵 위협 억제가 그나마 효과를 발휘하려면 핵 능력의 뒷받침이 있거나, 혹은 동맹국의 핵 능력 제공에 대한 약속이 분명해야 한다"는 것이다. 그러면서 한국이 자체적으로 핵무기를 개발하는 것에는

---

93) 〈조선일보〉, 2020. 07. 29.

여러 가지 현실적인 제약이 존재하는 만큼, "(미국의) 전술핵 재반입이나 핵 공유 중 하나의 조치는 실현되어야"고 주장했다.[94]

재래식 군사력으로는 북핵을 억제할 수 없다며 미국의 전술핵 재배치나 한미 간 핵 공유를 해야 한다는 주장은 국내외에서 끊임없이 제기되어왔다. 북한이 8차 당대회에서 새로운 전략무기와 전술핵무기 개발 의사를 밝히면서 이러한 주장은 더욱 거세지고 있다. 이는 세 가지 논리에 기초하고 있다. 첫째, 재래식 무기로는 핵무기에 대응할 수 없다. 둘째, 전술핵 재배치나 핵 공유로 뒷받침되지 않는 미국의 핵우산은 신뢰하기 어렵다. 셋째, 한반도에서 '핵 대 핵'을 통한 '공포의 균형'을 이뤄야 핵전쟁을 방지하고 평화를 지킬 수 있다. 둘째와 셋째 주장에 대한 문제점은 《한반도의 길, 왜 비핵지대인가?》에서 자세히 다룬 만큼,[95] 재래식 군사력으로 북핵을 억제할 수 없다는 주장의 문제점을 살펴보자.

본격적인 논의에 앞서 짚고 넘어갈 문제가 있다. '재래식

94) 차두현·양욱·홍상화, '재래 전력을 통한 북핵 억제는 가능한가?', 아산정책연구원 이슈브리프, 2020년 12월 24일.

95) 《한반도의 길, 왜 비핵지대인가?》 46~77쪽.

무기'라는 표현은 낡고 약하다는 뉘앙스를 풍겨 이들 무기
로는 핵무기를 도저히 상대할 수 없다는 느낌을 불러일으킨
다. 하지만 현대의 재래식 무기는 최첨단이면서 강력한 파
괴력을 가진 것이 수두룩하다. 이를 반영하듯 미국 정부는
'재래식(conventional)'보다는 '비핵(non-nuclear)'무기라는 표
현을 선호한다. 일례로 조 바이든 대통령은 부통령 퇴임 직
전인 2017년 1월에 "미국의 비핵 능력과 오늘날 위협의 성
격을 고려할 때, 미국이 핵무기를 선제적으로 사용하는 시
나리오를 상상하기 어렵다"며 핵무기 선제 불사용(No First
Use) 정책의 필요성을 언급한 바 있다.

   그렇다면 한국, 혹은 한미동맹이 비핵무기로 북핵을 억제
할 수 있을까? 이는 억제(deterrence)의 정의와 목표와 직결
되어 있다. 이와 관련해 혹자는 "(북한이) 선제타격을 해도
이것이 봉쇄될 것이라는 인식을 상대방에게 심어주는 한편,
일단 이를 뚫고 공격을 해도 우리에게 입히는 피해보다 응
징으로 인한 자신들의 피해가 훨씬 더 클 수 있다는 두려움
을 주어야 한다"고 주장한다.[96] 쉽게 말해 북한이 무력을

---

96) 차두현·양욱·홍상화, '재래전력을 통한 북핵 억제는 가능한가?', 아산정책연구원
이슈브리프, 2020년 12월 24일.

쓰면 남한보다 자신이 더 큰 피해를 입게 될 것이라는 점을 깨닫게 할 정도의 군사력을 한국이 갖춰야 억제가 성립한다는 것이다. 하지만 이렇게 억제를 정의하는 것은 자의적이다.

억제의 사전적 정의는 "어느 세력이 보복의 위협을 효과적으로 활용함으로써 적대 세력이 공격하지 못하도록 하는 것"이다. 이를 위해 널리 통용되는 개념이 '거부적 억제(deterrence by denial)'와 '응징적 억제(deterrence by punishment)'이다. 거부적 억제는 적대 세력이 공격을 통해 그 목적을 달성할 수 없다는 데에, 응징적 억제는 도발을 통한 목표 달성이 불가능할 뿐만이 아니라 가공할 손실도 부과하겠다고 위협하는 데에 초점을 맞춘 것이다. 둘 사이에 핵심적인 차이는 거부적 억제는 방어 및 격퇴 능력에 초점을 맞춘 반면, 응징적 억제는 가공할 보복 능력에 초점을 맞춘다는 데에 있다.[97] 이에 따라 응징적 억제는 거부적 억제보다 '확전 불사론'을 품고 있다.

거부적 억제든, 응징적 억제든 그 근본 취지는 상대방으로 하여금 무력 공격을 통해 얻고자 하는 이익보다 손실이

---

97) Michael J. Mazarr, "Understanding Deterrence," Perspective - Expert insights on a timely policy issues (2018), www.rand.org/t/PE295

더 클 것이라는 점을 깨닫게 하는 데에 있다. 이에 따라 상대방이 나에게 입힐 피해보다 내가 상대방에게 입힐 수 있는 피해가 더 클 것이라는 점을 상대에게 주지시킬 때, 억제가 성립한다는 주장은 자의적인 것이다. 억제의 중요성은 상호 간 피해의 규모의 차이가 아니라 손익 관계에 있기 때문이다.

이러한 맥락에서 볼 때, 한국과 한미동맹은 북한을 상대로 이미 이러한 능력을 충분히 갖추고 있다. 한국은 1990년부터 2020년까지 무려 735조 원을 국방비로 투입해 세계 6위의 군사대국으로 올라선 상황이다. 특히 지대지, 공대지, 함대지 등 수천 발의 미사일을 구축해 놓고 있어 북한의 무력도발 시 평양을 비롯한 북한 후방까지 타격할 수 있는 능력을 구비하고 있다. 공군력과 해군력은 물론이고 전차와 장갑차 등 기갑 전력도 압도적인 우위에 있다. 2021년 남북한의 군사력 순위가 각각 세계 6위와 28위, 경제력 격차가 50배 정도 차이가 난다는 현실도 남한의 전쟁 수행 능력이 북한을 압도하고 있다는 것을 말해준다. 이러한 점들을 종합해볼 때, 한국의 독자적인 대북억제력은 이미 상당한 수준에 도달해 있다.

더구나 한국은 미국으로부터 확장 억제도 제공받고 있다. 한미동맹과 관련해 확장 억제의 방식은 주한미군 주둔에서부터 핵우산에 이르기까지 폭넓게 펼쳐져 있다. 이는 미국이 한국에 대한 공격을 자국에 대한 공격으로 간주해 이를 사전에 억제하고 억제가 실패할 경우 격퇴·응징하겠다는 목표에 따른 것이다. 아울러 한미연합전력은 북한의 군사적 움직임을 상세히 파악할 수 있기 때문에, 북한이 6·25남침 때와 같은 기습공격의 이점을 더 이상 가질 수도 없게 되었다.

억제가 반드시 군사적 수단에만 의존하는 것이 아니라는 점을 이해하는 것도 중요하다. 군사력 이외에도 경제 및 외교적 제재와 같은 방식도 존재하기 때문이다. 특히 유엔헌장에 반하는 무력도발 시 안보리 차원에서 대응한다는 것이 이미 국제 규범화되어 있다. 억제를 이렇게 균형적으로 이해하는 것은 대북억제에 있어서도 중대한 함의를 지닌다. 만약 북한이 핵무기의 위력을 앞세워 침략해올 경우 북한은 한미연합전력뿐만 아니라 국제사회의 경제적·외교적·군사적 응징에 직면할 수밖에 없다. 이는 곧 북한이 무력도발을 통해 이익을 얻는 것은 고사하고 가공할 손실에 직면할 것이라는 점을 말해준다. 즉, 억제는 이미 통하고 있다는 것이다.

우리가 경계해야 할 것은 대북억제력의 '부족'이 아니라 오히려 '과잉'이다. 억제력이 부족하다며 과도한 수준의 군사적 억제와 우위를 추구하면 북한의 반작용을 야기해 군비경쟁과 안보 딜레마의 격화를 피할 수 없게 된다. 이는 한편으로는 민생 구제와 삶의 질 향상을 위해 사용되어야 할 소중한 자원의 낭비를 초래하고, 다른 한편으로는 대화와 협상을 통한 문제 해결을 어렵게 만든다. 대북억제를 추구하되, 민생경제·남북관계·비핵화 협상에 미치는 영향을 두루 감안하는 '적정성'도 동시에 고려해야 할 까닭이다.

8. 한국의 적정 군사력은?

한국의 군사력은 어느 정도가 적당할까? 안보환경에 따라 다양한 주장이 제기될 수 있지만, 나는 연간 국방비는 45~50조 원, 병력 수는 점진적으로 감축해 30만 명 정도가 적당하다고 본다. 이 정도 수준으로도 예상되는 국방 수요를 충분히 감당할 수 있다. 2021년 현재 국방비는 53조 원 수준이고 병력 수는 55만 명이라는 점에서 이는 군축으로 간주될 수 있다. 그러나 꼭 그런 것은 아니다.

군비에는 '군비(軍費)'와 '군비(軍備)' 두 종류가 있다. 군비(軍費)는 '군사상의 목적에 사용되는 모든 경비', 즉 국방비를 의미하고, 군비(軍備)는 '육·해·공군의 병력, 무기, 장비, 시설 등을 총칭하는 것'으로 군사력을 의미한다. 아울러 군사력을 평가하는 데 있어 일시적인 국방비의 증감보다는 국방비 누계가 훨씬 중요하다. 이러한 군비의 특성을 이해하면 국방비를 소폭 줄여도 적정 군사력은 계속 건설할 수 있다는 점을 알 수 있게 된다. 향후 국방비를 50조 원 정도로 책정해도 군사력 건설과 직결되는 방위력 개선비와 전력운영비를 합쳐 30조 원 안팎은 확보할 수 있기 때문이다.

　징병-모병 혼합제와 완전 모병제를 통한 병력 감축 및 정예군 양성도 충분히 검토할 만하다. 먼저 혼합제는 차기 정부가 출범하는 이듬해인 2023년부터 복무기간을 12개월 이내로 단축해 의무병의 비중을 줄이고, 군필자 가운데 지원병의 선발을 늘려가는 것이다. 사병과 간부를 합한 총병력 규모는 2023년에는 40만 명으로 정하고 매년 1~2만 명을 감축해 2025년에는 35만 명 규모로 잡을 수 있을 것이다. 모병제는 2026년부터이고 총병력 규모는 사병 15만 명과 간부 15만 명(장교 4만 명, 부사관 11만 명)을 합쳐 30만 명으로 상정한다. 혼합제와 모병제를 도입하면, 부사관 및 사관학교생도는 복무기간을 완료하는 직업 사병 가운데 선발해 사병과 초급 간부 사이의 갈등을 줄이고 초급 간부의 전문성을 높이는 방안도 강구할 필요가 있다.

　이러한 국방비 감축과 모병제 도입은 우리가 '선택적 변화'를 추구하면 충분히 실현할 수 있다. 1부에서 다룬 것처럼 한국의 국방 목표는 한반도 유사시나 북한 급변사태 발생 시 무력 통일까지 추구하려는 목표도 내재되어 있다. 국방 목표가 억제와 격퇴를 넘어 무력 통일까지 염두에 두면,

엄청난 병력과 무기 및 장비가 필요해지고 유사시 막대한 인적·물적 피해를 동반하게 된다. 특히 한반도의 지리적 특성과 북한의 저항 및 핵 능력을 고려할 때, 북한 점령 및 안정화 작전은 '끝나는 않는 전쟁'을 초래하고 남한에도 어마어마한 피해를 동반할 가능성이 높다. 핵전쟁의 가능성을 포함해서 말이다.

혹자는 유사시 북한 점령 계획과 능력을 유지해야 전쟁을 억제할 수 있다고 말한다. 북한이 무력 공격을 해오면 북한을 아예 끝장낼 수 있다는 의지와 능력을 각인시켜야 억제효과를 극대화할 수 있다는 것이다. 그러나 이러한 과잉 억제는 엄청난 부작용을 수반하고 있다. 대규모의 국방비 증액은 민생을 돌보는 데 사용되어야 할 소중한 자원의 낭비로 이어지고 있다. 유사시 북한 점령 계획은 징병제에 기초한 대군 유지의 근거가 되고 있는데, 이는 우리 사회의 다양한 문제들과도 연결된다. 징병제 고수는 경제 불황, 사회경제적 불평등, 결혼율과 출산율 저하, 젠더 및 세대 갈등, 양심에 따른 병역 거부자에 대한 징벌적 사회복무 등과 무관하지 않기 때문이다.

유사시 무력 통일론이 품고 있는 가장 심각한 부작용은

북한의 핵개발 동기 가운데 하나로 작용하고 북핵 문제 해결을 더욱 어렵게 만든다는 데에 있다. 북한의 핵무장 동기에는 '제도통일' 즉, 남한의 흡수통일을 저지하겠다는 것도 포함되어 있다. 또 남북한의 군사력 격차가 벌어질수록 북한이 비핵화보다는 핵무력 증강을 선택할 것이라는 점도 자명해졌다. 이는 거꾸로 한국이 유사시 북한 점령 계획을 공식적으로 폐기하고 군사력도 이에 맞게 조정하면, 남북관계 발전과 비핵화 추진에 유리한 환경이 조성될 것임을 말해준다.

단언컨대, 이러한 방향으로의 국방정책 재조정은 다양한 이익과 효과를 가져올 수 있다. 북한뿐만 아니라 주변국의 위협에도 적절한 억제능력을 갖추면서도 한반도 평화프로세스와 경제 활성화 및 우리 사회의 다양한 병폐 완화에도 큰 도움을 줄 수 있기 때문이다.

9. 미중 경쟁을 '알리바이'로 삼지 말자

"미중 전략경쟁 시대에 우리는 어떻게 해야 할까?"

아마 최근 들어 가장 많이 제기되는 질문 가운데 하나가 아닐까 싶다. 현재뿐만이 아니다. 과거에도 그랬고, 미래에도 그럴 것이다. 이는 가장 답하기 어려운 질문이기도 하다. 언론과 전문가들도 이런 질문을 던지지만, 뾰족한 답을 내놓지 못하고 있다. 그만큼 궁금하면서도 어려운 문제이다.

세계 양대 강대국으로 불리는 미국과 중국의 경쟁 및 갈등이 격화되면, 우리는 전방위적으로 영향을 받는다. 미국은 한국의 유일한 동맹국이고 중국은 한국의 최대 무역 상대국이라는 점에서 더욱 그러하다. 특히 미중 전략경쟁이 격화되면서 한반도 문제에 미치는 영향에 대한 우려도 높아지고 있다. 이러한 상황에서 우리가 경계해야 할 것은 한반도 문제가 해결되지 않는 이유를 미중 전략경쟁 탓으로 돌리려는 '알리바이성 인식'이다.

격화되는 미중 경쟁과 갈등이 한반도 문제 해결에 구조적 제약임은 틀림없다. "한반도와 북핵 문제, 남북관계도 미중 대립이라는 큰 구도 하에서 다뤄질 것이 분명하다"는 진단도 이러한 맥락에서 나오고 있다.[98] 그러나 구조의 문제 못지않게 인식의 문제도 중요하다. 이는 예단을 경계해야 한다는 것을 의미한다. 구조적 제약을 우리가 적응하고 순응해야 하는 거대한 힘으로 인식할 경우 대북정책을 포함한 한국의 전략적 선택은 '미중 경쟁의 범위'에 갇히게 될 위험이 커진다. 이는 한반도 문제를 미중관계의 종속 변수로 인식하게 만든다. 그리고 부지불식간에 한반도의 현상 유지를 고착시키거나 불안정성을 가중시킬 위험이 크다.

대안적 접근은 미중 경쟁을 한반도 문제의 중대 변수로 간주하면서도 둘 사이의 상호 작용 및 자율성을 추구할 수 있는 공간이 있다고 인식하는 것에서 마련할 수 있다. 미중 관계와 한반도 문제는 어느 한쪽이 다른 한쪽에 일방적으로 영향을 미치는 구조는 아니다. 한반도 문제의 악화가 미중 간의 협력을 야기할 때도 있었고, 거꾸로 한반도 문제 해결의 진전이 미중관계 악화를 가져온 때도 있었다. 낯선 진

---

98) 위성락, '바이든 시기 미중 경쟁과 한국', 서울대 동반성장포럼 발제문, 2021년 4월 12일.

단으로 여겨질 수 있지만, 이러한 사례들은 더러 있다.[99] 또 한반도 문제가 미중관계에 완전히 밀착된 것도 아니며, 한반도 문제가 미중 간 협력의 계기가 될 수도 있다. 이러한 인식은 한국의 전략적 선택의 폭을 넓히는 데에 도움이 된다.

1990년대 이후 미국의 한반도 정책은 '북한위협론'을 지렛대로 삼아 중국의 부상을 견제하려는 시도와 북핵 문제 해결 시도 사이에서 오락가락해왔다. 그런데 중국 견제 및 봉쇄는 전략적이고도 장기적인 목표이면서도 미국 내에서도 논쟁거리이다. '때린 주먹도 아프다'는 말이 떠오를 정도로 미중관계는 상호의존성을 품고 있기 때문이다. 이에 반해 북핵 문제는 더 이상 방치하기 어려운 상황까지 악화되었다. 이에 따라 가시적인 성과와 이익이 불분명한 중국 봉쇄보다는 가시적인 성과가 명확히 드러날 수 있는 북핵 문제 해결이 미국 행정부의 우선순위가 될 수도 있다.

역설적으로 바로 이때가 한반도 문제를 미중 전략경쟁에서 최대한 분리해 문제 해결을 시도할 수 있는 기회이다. 역사적으로 볼 때도 이런 기회는 몇 차례 있었다. 북핵 문제가

---

99) 이에 대한 자세한 내용은 〈비핵화의 최후〉 참조.

처음 불거지기 시작한 1990년대 초반과 북핵 문제가 중대한 분수령을 만났던 2008년이 이에 해당한다. 하지만 이러한 역사적인 기회들은 미국 강경파의 반발과 한국의 퇴행적인 선택, 그리고 북한의 경직된 태도가 맞물리면서 빛을 보지 못하고 말았다. 2018년에는 "신이 역사 속을 지나가는 순간, 뛰어나가 그 옷자락을 붙잡고 함께 나아가는 것이 정치가의 책무"라는 비스마르크의 말이 떠오를 정도의 기회가 찾아왔었다. 그러나 문재인 정부는 천재일우(千載一遇)의 기회를 살리지 못했다.

그렇다면 '신냉전'이라는 말이 나올 정도로 격화되는 미중 전략경쟁 구도에서 한반도 문제 해결의 실마리는 어디에서 어떻게 찾을 수 있을까? 우리의 '의제 설정' 역량과 용기가 대단히 중요하다. 지금까지는 대체로 미국의 의제에 끌려 다니는 경우가 많았다. 2016년부터 한국의 정치·경제·외교·국방·사회 등 다방면에 심대한 영향을 미쳐온 '사드 문제'가 대표적이다. 최근 다시 부상하고 있는 한미일 안보 협력 강화도 미국발 의제이다. 이들 사안은 미중관계 악화와 더불어 한반도 문제의 평화적 해결을 어렵게 한다는 공통점을 안고 있다. 대북정책과 관련해서도 경제제재와 비핵화의 정의 및 목표와 관련해 미국의 프레임에 간혀 있는 경우가 많았다. 한국이 미국발 의제에 끌려다닐수록 중국발 의제로 곤혹스러운 상황이 연출되기도 한다.

이러한 상황을 극복하기 위해서는 우리가 미국과 중국을 상대로 선도적으로 의제를 제시할 수 있어야 한다. 한반도 문제 해결을 지향하면서도 미중 간의 협력을 도모할 수 있는 의제이면 더욱 좋다. 그런데 바이든 행정부와 시진핑 정권은 다양한 분야에서 갈등하고 경쟁하고 있지만 북핵 문제를 포함한 비확산에서는 협력 의사를 밝히고 있다. 구체적인 정책과 접근에 있어서는 차이가 있지만 한반도 비핵화와 안정유지라는 원칙은 공유하고 있다. 우리가 찾아야 할 의제는 바로 이 지점에 있다.

우선 2008년 이후 산소마스크를 쓴 신세로 전락한 6자회담 재개를 제안할 필요가 있다. 이 회담에는 남북한과 미중일러가 참여했었다. 중국은 6자회담 의장국이기에 이 회담의 재개를 마다할 이유가 없다. 바이든 행정부도 대북정책에 있어서 한국과 일본뿐만 아니라 중국과 러시아의 역할도 강조하고 있다는 점에서 6자회담 재개를 마다하지 않을 것이다. '적대시 정책'을 이유로 남북대화와 북미대화의 문을 닫아걸건 북한의 선택이 관건인데, 이 부분에서는 중국과 러시아의 설득이 중요하다. 6자회담이 재개되면 다양한 양자회담과 병행해 비핵화와 이에 대한 상응조치를 집중적으로 논의할 수 있을 것이다. 특히 6자회담은 북미 간의 첨예한 입장 차이를 조율하고 대안을 제시할 수 있는 틀이 될 수 있다. 아울러 앞서 제안한 한반도 비핵지대와 북한의 핵물질 및 핵무기의 러시아로의 이전 문제를 논의하기에도 적절한 틀이다.

우리가 한반도 정전협정을 평화협정으로 대체하는 협상을 적극 제안할 필요도 있다. 2000년부터 평화협정 당사자는 남북미중 4자라는 공감대가 형성되어왔기에 4자회담의 필요성은 꾸준히 제기되어왔다. 그러나 평화협정 협상은 시작조차 못한 상황이다. 이와 관련해 미국의 역대 행정부는 대체로 비핵화와 평화체제 구축이 동시적·병행적으로 이뤄져야 한다는 입장을 밝혀왔고 중국 역시 두 가지 과제의 '쌍궤병행(雙軌並行)'을 강조해왔다. 미중 사이에 공통분모는 존재하는 셈이다. 이러한 상황에서 한국이 적극적으로 평화협정 협상 개시를 제안하면 무너지고 있는 남북한의 신뢰를 회복하는 데에도 도움이 될 수 있다.

6자회담과 4자회담에 모두 참가하는 나라들은 남북미중이다. 이는 '한미동맹 대 북중동맹'이라는 군사적 갈등 구조를 완화할 수 있는 가능성을 품고 있다. 6자회담에는 러시아와 일본도 참가한다. 이 역시 '한미일 대 북중러'라는 '동북아 신냉전 가시화' 억제에 도움이 될 수 있다. 우리가 격화되는 미중 전략경쟁을 우려의 시선으로만 바라볼 것이 아니라 한반도 문제를 해결하는 과정에서 미중, 혹은 아시아 신냉전의 기운을 차단할 수 있는 지혜와 용기를 발휘해야 할 때이다.

보이지 않는 거대한 전쟁

안타깝게도 한반도 평화의 새로운 시작은 문재인 정부 이후를 기약해야 할 듯싶다. 남은 임기 1년 동안 남북관계와 한반도 평화프로세스가 조금이라도 회복되길 간절히 바라지만, 지금보다 상황이 더 악화되지 않았으면 하는 게 솔직한 심정이다. 이 책이 나올 즈음 바이든 행정부의 대북정책 재검토 결과도 나올 것이다. 바이든 행정부는 '새로운 전략'을 공언했지만, '소문 난 잔치에 먹을 게 없다'는 속담이 떠오르지 않을까 걱정도 된다. 북한의 김정은 정권도 어지간해서는 마음을 바꾸지 않을 것이다. 김정은이 2021년 4월 8일 "노동당 간부들이 더욱 간고한 '고난의 행군'을 할 것을 결심했다"고 말한 것도 '자력갱생과 자급자족'을 바탕으로 '인민대중제일주의'를 실현해보겠다는 8차 당대회 결의의 연장선상에서 나온 것이다.

정리하자면 답답하고 불안한 상황이 상당 기간 지속될 가능성이 높다. 사정이 이렇다면 문재인 정부는 걸림돌을 줄이고 디딤돌을 놓겠다는 각오로 대통령 스스로 말한 '마지막 노력'을 기울여야 한다. 걸림돌을 줄이기 위해서는 2021년 8월과 2022년 3월 대규모 한미연합훈련을 취소하고 2022년 국방비를 동결할 필요가 있다. 디딤돌을 놓기 위해서는 바이든 행정부의 대북정책 재검토 결과 발표가 '끝'이 아니라 '새로운 시작'이 될 수 있도록 한미간, 혹은 한미일간의 지속적인 협의 틀을 만드는 것이 중요하다. 또 북미대화에만 의존할 것이 아니라 6자회담 재개와 남북미중 4자회담의 개시를 적극적으로 제안할 필요도 있다. 한반도 비핵지대화를 공론화해보자는 호소도 거듭 하고 싶다.

한반도 평화를 위한 새로운 시작의 핵심적인 조건은 안보에 대한 상식적인 이해에 있다. 흔히 우리는 '통일외교안보', 혹은 '외교안보'라고 말한다. 이러한 표현은 부지불식간에 안보를 국방과 동일시하는 오류를 불러일으킨다. 그리고 안보를 위해 군사력을 강화해야 한다는 관성에 휩싸이기 쉽다. 하지만 국방과 그 물리적인 힘인 군사력은 안보의 중요한 구성 요소이지 그 자체는 아니다. 안보의 또 하나의 축이 바로 외교이고, 우리의 현실에서는 남북관계도 중요하다. 즉, 우리의 안보는 남북관계-외교-국방이 적절하게 조화를 이뤄나갈 수 있을 때 증진된다는 것이다. 이 세 가지 축을 슬기롭고 조화롭게 맞춰나가는 것이 국가안보전략의 핵심이 되어야 한다.

문재인 정부의 실패는 바로 이 지점에 있다. 남북관계와 관련해서는 말은 풍성했지만 실천은 빈곤했다. 대북정책과 관련된 대미 외교에서는 실질적인 정책보다는 이벤트에 치우쳤다. 국방 분야에서는 남북정상회담에서 최초로 '단계적 군축'을 추진하기로 합의해놓고는 사상 최대 규모의 군비증강으로 일관했다. 이로 인해 남북관계는 질적으로 매우 나빠졌고, 미국의 대북정책을 견인할 수 있는 역량은 떨어졌으며, 군사력은 역대 최고 수준으로 올라섰다. 한마디로 '부조화'이다.

부조화는 통일외교국방팀에서도 나타난다. 흔히 북한이 문제를 일으키거나 남북관계가 악화되면 통일부 장관에게 책임을 묻곤 한다. 김연철 전 장관이 2019년 6월 남북관계 악화의 책임을 지고 물러난 것이나 그 후임자인 이인영 장관이 보수 진영으로부터 맹폭을 당하고 있는 현실에서도 이를 잘 알 수 있다. 그러나 통일부 장관은 책임은 막중하지만 권한은 별로 없다. 대북정책에서 매우 중요한 대미 협의 및 국방정책과 관련해 통일부가 관여할 수 있는 여지는 많지 않기 때문이다.

이러한 부조화를 해결하려면 전문성과 논리를 갖춘 외교부 장관과 남북관계 발전 및 한반도 평화프로세스에 기여할 수 있는 방향으로 국방정책을 설계할 국방부 장관, 그리고 정책 조율 및 총괄자로서의 청와대 안보실장이 매우 중요하다. 이를 위한 대전제로는 대통령의 철학과 비전, 그리고 리더십이 필요하다. 그러나 문재인 정부의 통일외교국방팀이 '팀 코리아'를 이뤄냈다고 보기 어렵다. 오히려 '봉숭아 학당'을 연상시킬 정도로 좌충우돌했다. '한반도 평화, 새로운 시작의 조건'은 바로 이러한 한계를 극복하는 데에 있다.

아마도 통일외교국방 분야에서 문재인 정부의 가장 큰 유산은 세계 6위의 군사력이 될 것이다. 이것이 한반도 평화·남북관계·민생의 '자산'이 될지 '부채'가 될지는 다음 정권의 선택과 여론의 향배에 달려 있다. 이미 상당한 수준의 군사력 건설을 이뤄낸 만큼, 과도한 군비증강을 자제하고 국방비 동결이나 감축의 근거로 활용한다면 '자산'이 될 수 있다. 반면 앞으로도 계속 국방비 증액을 추구하면 '부채'가 되고 말 것이다.

무기력에 빠지기 쉬운 때이다. 나는 한반도 문제의 본질은 평화적으로 현상을 변경하고자 하는 세력과 현상을 유지하고자 하는 세력 사이의 '보이지 않는 거대한 전쟁'이라고 표현한다. 그리고 한반도 평화를 향한 작용이 일어날 때마다 어김없이 현상을 유지하려는 반작용도 일어나고 작용이 반작용에 번번이 제압당해왔다고 진단한다. 돌이켜보면 평화를 원하는 사람들의 절실함이 부족하지 않았나 싶다.

하지만 무기력을 딛고 경쾌한 평화운동도 계속되고 있다. 국내외 많은 단체가 '한반도 종전 평화 캠페인'의 일환으로 매주 월요일 정오에 '피스 먼데이' 행사를 열고 있는 것이다. 온-오프라인에서 함께 진행되는 이 캠페인은 한반도 정전협정 체결 70년이 되는 2023년까지 전 세계 1억 명의 서명을 받아 유엔과 각국 정부에 전달하는 것을 목표로 하고 있다. 서명에 참여하고 주위에도 널리 알려주시기를 독자들에게 부탁드린다.[100]

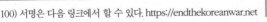

100) 서명은 다음 링크에서 할 수 있다. https://endthekoreanwar.net

한반도 평화,
새로운 시작을 위한 조건

1판 1쇄 발행 2021년 5월 6일

지은이 정욱식
펴낸이 우좌명
펴낸곳 출판회사 유리창
출판등록 제406-2011-000075호(2011. 3. 16)
주소 10881 경기도 파주시 문발로 115 세종출판타운 402호
전화 031-955-1621
팩스 0505-925-1621
이메일 yurichangpub@gmail.com

© 정욱식 2021

ISBN 978-89-97918-29-4 03340

* 책값은 뒤표지에 있습니다.